ROCAS,
CRISTALES
MINERALES

ROCAS, CRISTALES & MINERALES

Rosie Hankin

LIBSA

A QUANTUM BOOK

© 2001, Editorial LIBSA
C/ San Rafael, 4
28108. Alcobendas. Madrid
Tel. (34) 91 657 25 80
Fax (34) 91 657 25 83
e-mail: libsa@libsa.es
www.libsa.es

Traducción: Inés Martín/José Luis Tamayo

© MCMXCVIII, Quintet Publishing Limited

Título original: *Rocks, Cristals, Minerals*

ISBN: 84-662-0192-0

CONTENIDO

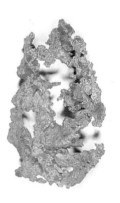

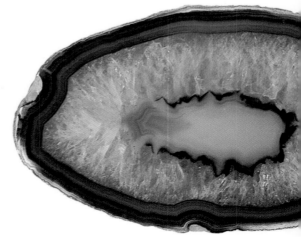

SOBRE ESTE LIBRO

La duración, la belleza, la variedad y la amplia disponibilidad de las rocas y los minerales hacen de ellos temas ideales para el coleccionista aficionado o para el aspirante a geólogo que quiere saber más sobre el planeta en que vivimos.

En este libro hemos reunido dos capítulos sobre minerales y rocas, con fichas cuidadosamente seleccionadas para dar una gama lo más extensa posible de los tipos de minerales y rocas existentes, desde el diamante más duro hasta el yeso más blando. Se ofrece una detallada información sobre la forma, color y presentación de cada muestra, junto con una nítida fotografía en color.

Se ha hecho también una detallada introducción a cada capítulo, para explicar cómo están formados los minerales y las rocas y la manera de identificarlos tanto en el campo como en casa, con sugerencias sobre la mejor manera de recoger y preparar los especímenes.

ANTECEDENTES GEOLÓGICOS

Historia de la Tierra

La Tierra está hecha de polvo de estrellas, así como todo lo que hay en ella, incluidos nosotros. En realidad, no podemos remontarnos a toda la historia de la Tierra, pero lo que sigue se considera que es una primera aproximación.

El desarrollo del sistema solar

Hace unos 15.000 millones de años, en una de las ramas en espiral de nuestra galaxia había una gigantesca masa de polvo y de gas; y esta masa empezó a contraerse. Los espacios entre las estrellas no están vacíos; en ellos, hay gases y minúsculas partículas de polvo en diversos grados de concentración. Una concentración cualquiera de polvo y gas, apresada por una de estas ondas, puede haberse comprimido hasta el punto de que empezaran a actuar las minúsculas fuerzas gravitatorias entre las partículas, haciendo que éstas empezaran a moverse juntas. El primitivo movimiento de la nube en su órbita alrededor de la galaxia habría hecho que la masa, al contraerse, comenzara a girar.

En este momento entraron en juego dos fuerzas principales. La primera fue la fuerza gravitatoria entre las partículas, que hizo que la materia se comprimiera hacia el centro, en donde se iba acumulando la mayor cantidad de masa. La segunda fue la fuerza centrífuga, que empujaba de nuevo a la masa girando hacia afuera a lo largo de un plano perpendicular al eje de rotación. Como consecuencia de estas dos fuerzas, la materia empezó a concentrarse en un enorme disco giratorio que fue el embrión de nuestro sistema solar.

La mayor cantidad de masa se concentró en el centro, donde la energía liberada hizo calentarse a la masa. Este hecho se habría producido hace sólo unos cuantos millones de años hasta que el Sol «se encendió».

El disco de materia no era estable. Aparecieron remolinos en puntos de su superficie, alterando la velocidad de rotación en cada uno de ellos. Como consecuencia, el material de la parte interior de los remolinos orbitaba a una velocidad angular menor, tendiendo a caer hacia el «protosol», mientras que el de la parte de fuera giraba a una velocidad mayor y era lanzado hacia fuera. De esta forma, la masa del disco se dividió en una serie de anillos relativamente estables alrededor del protosol, parecidos a los anillos que hay alrededor de Saturno. No habrían hecho falta más que unos centenares de miles de años para que se crease este sistema de anillos: un sistema que, al final, se convertiría en los nueve planetas de nuestro sistema solar.

La Tierra se solidifica

Los anillos de gas y partículas de polvo que giraban alrededor del protosol estaban sujetos a los mismos efectos vibrantes aleatorios que los brazos de la galaxia; en cualquier lugar en el que la concentración se hiciese especialmente grande, la materia empezaría a gravitar para formar un grumo o terrón, probablemente de unos 100 m de diámetro. Por último, estos terrones empezarían a chocar y a pegarse unos a otros. Según giraban los anillos, las acumulaciones mayores iban absorbiendo a los trozos más pequeños y, en cada anillo, toda su materia empezó a acumularse en una sola masa grande: un «planetésimo» o primer esbozo de planeta.

Concentrémonos ahora en el «planetésimo» que acabó convirtiéndose en la Tierra. Hay dos teorías. Según la primera, las partículas se acumularon formando una masa aleatoria en la que cada componente se expandió a través del planetoide sin seguir ninguna regla. La misma acción que había generado calor en el protosol lo hizo entonces en la Tierra en embrión. El calor hizo fundirse el hierro y el níquel de la masa y las gotas resultantes se hundieron hacia el centro. Los materiales pétreos, al ser más ligeros, se habrían quedado en el exterior. La otra teoría dice que el hierro y el níquel se unieron para formar el primer planetoide, mientras que el material de sílice seguía girando alrededor. Luego, los silicatos se depositaron en el exterior. Cualquiera que haya sido el proceso, el resultado es que ahora tenemos una Tierra que está dividida en una serie de capas. Hay un núcleo interior de hierro y níquel sólidos, un núcleo exterior de hierro y níquel fundidos, una gruesa capa de material pétreo silíceo muy densa y una corteza de material silíceo más ligero.

Desde el espacio exterior, podemos ver poco de la Tierra, excepto nubes y bruma. Parece de color azul, a causa de la reflexión entre la atmósfera y los océanos. A través de la cubierta de nubes, a veces puede verse la forma de los continentes. Los astronautas que están en una órbita baja pueden ver las cordilleras, los cursos de los ríos y las cadenas de islas. En realidad, sólo el geólogo que está en el suelo puede tocar con los dedos la materia de la Tierra y hacer deducciones sobre la historia de nuestro planeta.

En el interior de la Tierra

Corteza oceánica

- Tiene un grosor de entre 5 y 10 km por debajo de los océanos.
- Es sólida.
- Tiene una composición media similar a la del basalto, rica en sílice y magnesio: a veces a esta composición se le llama SIMA.
- Densidad aproximada: 3.
- Temperatura: entre 600 y 0 grados centígrados.

La Tierra se compone de capas con diferentes propiedades físicas y químicas. Es más fácil comparar su composición química con la de otras sustancias normales que se verán más adelante en este libro.

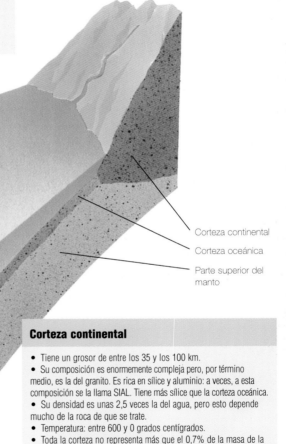

Corteza continental

Corteza oceánica

Parte superior del manto

Corteza continental

- Tiene un grosor de entre los 35 y los 100 km.
- Su composición es enormemente compleja pero, por término medio, es la del granito. Es rica en sílice y aluminio: a veces, a esta composición se la llama SIAL. Tiene más sílice que la corteza oceánica.
- Su densidad es unas 2,5 veces la del agua, pero esto depende mucho de la roca de que se trate.
- Temperatura: entre 600 y 0 grados centígrados.
- Toda la corteza no representa más que el 0,7% de la masa de la Tierra.
- La mayoría de estas hipótesis se basan en los resultados obtenidos por una serie de técnicas geofísicas que se han empleado para estudiar el interior de la Tierra.

Parte superior del manto

- Desde los 400 km hasta unos 100 km debajo de los continentes y 5 km bajo los océanos.
- Sólido, especialmente bajo los océanos, en la que algunos minerales están fundidos.
- Composición similar a la del resto del manto, pero más rica en olivino.
- Tiene minerales conocidos, como la espinela y el granate, que a veces son expulsados por los volcanes.
- Densidad aproximada, 3.
- Temperatura: entre 900 y 600 grados centígrados.

Zona de transición

- Entre los 1.050 y los 400 km.
- Sólida.
- Composición similar a la del resto del manto, aunque hay diferencias entre zonas.
- Densidad aproximada, entre 4,5 y 3,5.
- Temperatura: entre 1.850 y 900 °C.

Parte inferior del manto

- Entre los 2.900-1.050 km.
- Sólida.
- Composición similar a la del olivino (60%), el piroxeno (30%) y el feldespato (10%).
- Densidad aproximada, entre 5,4 y 4,5.
- Temperatura: entre 4.000 y 1.850 grados centígrados.
- Todo el conjunto del manto representa el 68,3% de la masa de la Tierra.

Núcleo externo

- Entre los 6.000-2.900 km.
- Líquido. Se mueve por convección, produciendo el campo magnético.
- Mezcla de hierro y azufre.
- Densidad entre 12 y 5,4.
- Temperatura: 4.600 °C.
- Es el 29,3% de la masa de la Tierra.

Núcleo interior

Es el centro de la Tierra.
- Entre los 6.370 y los 6.000 kilómetros de profundidad.
- Sólido.
- Aleación de hierro y níquel.
- Densidad, unas 13 veces la del agua.
- Temperatura: unos 6.500 °C.
- Constituye el 1,7% de la masa de la Tierra.

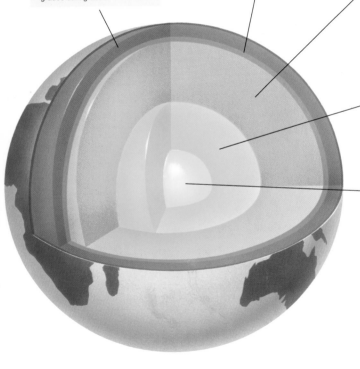

Pruebas de las teorías

El interior de la Tierra es tan inaccesible para nosotros como el de la Luna. Pero hay formas indirectas de obtener información sobre lo que hay bajo la superficie de nuestro planeta.

Pruebas de los meteoritos. Hay partículas de la nebulosa en la que se originó la Tierra y el resto del sistema solar que siguen cayendo sobre la superficie de nuestro planeta. A veces llegan en trozos lo suficientemente grandes como para resistir el calor destructor producido por la fricción con la atmósfera de la Tierra, cayendo en forma de meteoritos. Se conocen dos tipos de meteoritos: los de hierro y los pétreos. Podemos considerar que los meteoritos de hierro son restos de las sustancias que formaron el núcleo de nuestro planeta y que los meteoritos pétreos representan el material del manto.

Erupción de materiales del manto a la superficie. Ocurre pocas veces, pero nos da la oportunidad de analizar directamente la composición del manto. A veces, en la lava basáltica de los volcanes oceánicos

Arriba. El Big Hole (Gran Agujero) de Kimberley, Sudáfrica, excavado durante la fiebre del diamante a finales del siglo XIX, parece enorme, aunque no tiene más que 297 m de profundidad: un alfilerazo en la corteza terrestre.

aparecen nódulos del manto. El material de la lava basáltica procede del manto, pero normalmente cambia por completo al enfriarse. Los nódulos inalterados de manto que van en la lava contienen sílice, pero en una proporción mucho menor que la de las rocas cristalizadas. Hay otros nódulos, llamados peridotitas, que se encuentran en un tipo especial de volcán antiguo llamado chimenea de Kimberley. Estos módulos son interesantes desde el punto de vista económico, porque contienen diamantes que se han formado a profundidades de unos 100 km.

Medidas sísmicas. El estudio de la refracción de las ondas de choque se puede utilizar a escala local. Se efectúan explosiones controladas y las vibraciones, que son refractadas a través de las diversas capas de la corteza, se recogen por medio de geófonos para analizarlas por ordenador.

Perforaciones. Desde el año 1969, un equipo internacional dirigidos por Estados Unidos ha estado haciendo perforaciones en la corteza oceánica. Hasta ahora, no se ha conseguido alcanzar la interrupción o descontinuación de Mohorovicic (Moho), la frontera entre la corteza y el manto.

Los científicos pueden usar las perforaciones para descubrir varias cosas. Pueden analizar las muestras que se hacen llegar a la superficie. Pueden introducirse instrumentos para verificar las propiedades eléctricas de las diversas capas perforadas.

Puede introducirse en la perforación un generador de sonido, produciendo una fuente de sonido para hacer mediciones acústicas: algo parecido, en principio, a la refracción sísmica. Se pueden introducir sensores para registrar las diferencias en la radiactividad natural de las capas. En la práctica, se usan todas estas técnicas combinadas para tener un cuadro lo más completo posible.

Estudio de la gravedad. Cuanto más denso sea un material, tanto mayor será su fuerza de gravedad.

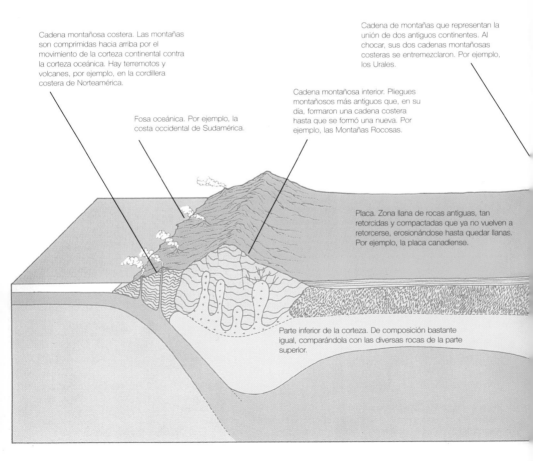

Cadena montañosa costera. Las montañas son comprimidas hacia arriba por el movimiento de la corteza continental contra la corteza oceánica. Hay terremotos y volcanes, por ejemplo, en la cordillera costera de Norteamérica.

Cadena de montañas que representan la unión de dos antiguos continentes. Al chocar, sus dos cadenas montañosas costeras se entremezclaron. Por ejemplo, los Urales.

Fosa oceánica. Por ejemplo, la costa occidental de Sudamérica.

Cadena montañosa interior. Pliegues montañosos más antiguos que, en su día, formaron una cadena costera hasta que se formó una nueva. Por ejemplo, las Montañas Rocosas.

Placa. Zona llana de rocas antiguas, tan retorcidas y compactadas que ya no vuelven a retorcerse, erosionándose hasta quedar llanas. Por ejemplo, la placa canadiense.

Parte inferior de la corteza. De composición bastante igual, comparándola con las diversas rocas de la parte superior.

Para detectar cualquier diferencia entre la gravedad en un lugar y en otro (una anomalía de la gravedad) hacen falta instrumentos muy sensibles, pero puede hacerse.

Se utiliza un aparato llamado gravímetro, que consiste en un peso suspendido de un muelle. En una zona con mayor gravedad –una anomalía positiva– el peso y el muelle son atraídos más hacia abajo y puede medirse la diferencia. Los diversos estudios geológicos muestran que la corteza que está bajo el océano es delgada y densa y que, en la zona de los continentes, es gruesa y más ligera. Un continente típico consiste en un núcleo central con una masa solidificada y retorcida de rocas muy antiguas, rodeada de cadenas de montañas cada vez más jóvenes, hasta llegar al mar, donde puede haber montañas muy jóvenes. Las montañas antiguas se extienden por el continente, separando una placa de otra. Es éste un cuadro esquemático de un continente: una estructura hecha de rocas. Y son precisamente esas rocas las que son el tema del resto de este libro.

Abajo. Un continente típico se compone de una serie de partes: normalmente, hay un núcleo de rocas metamórficas antiguas rodeado por restos de cadenas montañosas. No todos los continentes tienen las mismas características que se muestran aquí.

Montañas de bloques. Se forman por los agrietamientos y desplazamientos de la corteza asociados con la formación de un valle producto de una falla.

Valle producto de una falla. Se origina donde los movimientos de la corteza terrestre comienzan a separar los continentes. Hay también terremotos y volcanes. Por ejemplo: el Great Rift (gran falla) de África oriental.

Placa continental. Borde de un continente que es, a su vez, el borde de un valle de falla (el otro borde ha sido desgajado). La masa continental se rompe en una estructura escalonada cubierta por rocas jóvenes y mares poco profundos. Por ejemplo, la costa de las Islas Británicas.

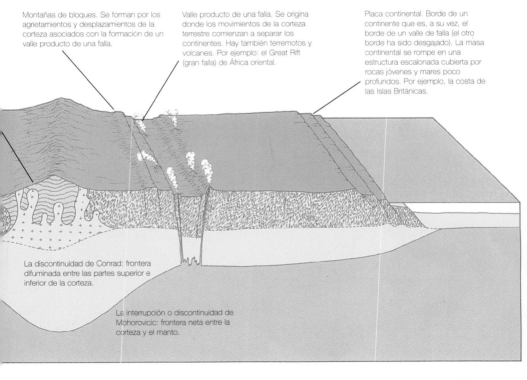

La discontinuidad de Conrad: frontera difuminada entre las partes superior e inferior de la corteza.

La interrupción o discontinuidad de Mohorovicic: frontera neta entre la corteza y el manto.

Composición de la Tierra

Tomemos una piedra. En la mano, tendremos un trozo de la corteza terrestre, compuesta de minerales que son producto de las reacciones químicas que formaron el planeta.

Minerales: los componentes de las rocas. Si tomamos una roca y la observamos con una lupa o a través de un microscopio, veremos que se compone de un mosaico de partículas entrelazadas. A veces –en rocas como el granito– las partículas son tan grandes que pueden verse a simple vista. Estas partículas son los minerales, sólidos homogéneos en estado natural y de formación no orgánica. Tienen una composición química y una estructura atómica definidas.

Al formarse una roca, los productos químicos se organizan a su vez en una serie de minerales distintos. Hay centenares de ellos, cada uno con su propia composición química, pero algunos son más corrientes que otros. Todas las rocas se componen de una mezcla de minerales diferentes: normalmente, no suelen ser más de una media docena.

Por conveniencia, podemos dividir a los minerales en dos categorías muy amplias: los que forman las rocas y los de yacimiento. Son estos últimos los que nos vienen a la mente cuando se menciona la palabra mineral, los que pueden extraerse y mezclarse para obtener un producto. Pero son un componente muy minoritario de la corteza terrestre.

Como hemos visto, la sílice (SiO_2) es la sustancia química más común en la composición de la Tierra. Por ello, los minerales más corrientes en la

Izquierda y derecha. Algunos minerales tienen su importancia económica. Se les llama minerales de yacimiento o gangas. El mineral de hierro, por ejemplo, se presenta de varias formas, entre las que están la limonita, amarillenta y pulverulenta **(izquierda)**, y el mineral de hierro, con forma desigual de riñón **(derecha).**

Izquierda. Si observamos de cerca una roca, podemos ver que está hecha de componentes mucho más pequeños. A veces, éstos tienen formas cristalinas; otras veces, son pedazos irregulares. A estos componentes se los llama minerales.

Derecha. Sin embargo, a la mayoría de los minerales se los califica como pétreos porque constituyen el núcleo de las formaciones rocosas. La calcita es un mineral que se encuentra mucho en las rocas, aunque raramente con las claras formas cristalinas de la fotografía.

formación de las rocas son silicatos: minerales que contienen sílice. La sílice puede tomar parte en complejas reacciones químicas, por lo que hay muchos tipos distintos de silicatos.

El más sencillo es el cuarzo, que es sílice pura. Pero lo normal es que haya elementos metálicos combinados con la sílice. Hay una gran proporción de magnesio en la corteza oceánica, por lo que abunda en ella un silicato de magnesio y de hierro llamado olivino (SiO_4 $(Mg\ Fe)_2$).

La corteza continental es rica en aluminio, por lo que las rocas continentales suelen ser ricas en silicatos de aluminio llamados feldespatos, como la ortoclasa (Si_3O_8KAl) y la albita (Si_3O_8NaAl).

Los carbonatos –compuestos que contienen carbón– son también minerales pétreos importantes. Seguramente, el más importante es la calcita (CO_3Ca). Suele ser inestable expuesta a la intemperie y, así, las rocas con una gran proporción de carbonatos suelen erosionarse con más rapidez que las que contienen silicatos, más resistentes.

Los silicatos contienen metales. Pero su naturaleza química es tal que es casi imposible separar los metales. Por consiguiente, no hay que ver al olivino como una fuente de magnesio, lo mismo que un feldespato no es un almacén de aluminio. Los minerales de yacimiento suelen contener metales que se extraen con facilidad. A veces, un mineral se compone sólo de metal. Entre estos «minerales nativos» están las pepitas de oro.

Los óxidos se forman por la combinación de un metal con el oxígeno y son importantes minerales nativos. Casi todos los yacimientos de hierro son de óxidos, como la magnetita (O_4Fe_3).

Un metal combinado con el azufre forma un sulfuro; muchos de éstos son minerales de yacimiento. Entre ellos están las piritas de hierro (S_2Fe) y un mineral de plomo: la galena (SPb).

CÓMO HACER, CUIDAR Y EXPONER UNA COLECCIÓN

Cómo recoger minerales

L as rocas y minerales son la auténtica sustancia de la Tierra. Y encontrarlos, identificarlos y recogerlos puede ser una afición muy gratificante. Recoger minerales es algo más: ayuda a entender lo que le ha ocurrido al trozo concreto de suelo que se está estudiando.

La salida al campo
Antes de salir al campo hay que investigar un poco. Los museos y centros de estudio locales, las joyerías y los geólogos nos dirán a dónde ir y qué es lo que hay que buscar. Una ayuda importantísima pueden ser los mapas geológicos de la zona. Éstos son de dos clases: aquellos en los que aparece la geología sólida de la zona y aquellos otros en los que puede verse la distribución de la superficie «suelta», los sedimentos arrastrados por los glaciares, los ríos y la erosión. En los mapas geológicos no sólo aparece el tipo de roca que se puede encontrar, sino la estructura y el ángulo de los estratos. Lo que no aparece son carreteras, edificios ni bosques.

Herramientas y equipo
Para salir al campo se necesitan mapas y una brújula. Las herramientas básicas son un martillo de geólogo, un cincel, una lupa y un cortaplumas. También son útiles una tela con burbujas y recipientes de plástico, así como un saco de tela para los especímenes. Unas gafas de seguridad, un casco y unos guantes gruesos evitarán que las piedras caídas puedan causarnos daños. El valor científico de lo que se encuentre puede ser nulo si no se registran los datos del entorno; hay que llevar un bolígrafo, un libro de notas y una cámara fotográfica. Los sitios mejores para encontrar minerales son los desprendimientos de rocas, los pedregales en declive y los depósitos de aluvión.

Una vez en casa, hay que identificar los especímenes antes de limpiarlos. Por ejemplo, la halita o sal gema se disuelve en agua. Necesitaremos una bandeja o placa para vetas (véase pág. 34) y un juego de herramientas despuntadas (véase pág. 25). Para limpiar, hace falta un cepillo de dientes y, para especímenes muy frágiles, un cepillo o pincel muy suaves.

Arriba. En los pedregales en pendiente hay muchísima piedra suelta y pueden ser sitios peligrosos para buscar minerales.

Cómo pulir y cortar

Se pueden pulir piedras o guijarros con una máquina llamada tambor o tamborilete. Cuesta tanto como una cámara de fotos pequeña, pero si se quiere exponer las piedras o hacer regalos con las muestras, será una inversión que valdrá la pena. Un tamborilete es un tambor movido por un motor eléctrico. Se colocan las piedras en el tambor, junto con agua y asperón o una arena abrasiva. Al ponerlo en marcha, el tambor gira lentamente y la arena va esmerilando la piedra. Después de unos días, se cambia el esmeril por otro más fino. Después de un pulido final, el espécimen estará brillante. Incluso los pequeños guijarros de playa tienen un aspecto estupendo después de este tratamiento.

Un utensilio más avanzado para un coleccionista es una sierra impregnada de diamante para cortar el ágata en láminas. La sierra va movida por un motor, que también puede mover el tambor anterior. Una vez cortados, los trozos se pueden pulir sobre un disco de giro horizontal tratado con varios grados de arena abrasiva. Estas láminas se pueden hacer finas para que se vea la luz a través de ellas.

Izquierda. No hay que ir nunca a buscar minerales en lugares tan peligrosos como un acantilado inestable.

Abajo. El equipo básico para limpiar muestras: un cepillo de uñas o de dientes y un cuenco de agua y un poco de detergente. Pero son también muy útiles una serie de pinzas y rascadores.

Cómo exhibir la colección

Los minerales y las piedras preciosas tienen distintos grados de dureza y pueden rayarse o descascarillarse si chocan unos con otros. La solución más sencilla es guardar las muestras una a una, en cajas de cartón o en cajas de plástico. Guardar las cajas en una caja o cajón de poco fondo.

Como mejor lucen los minerales y las piedras es limpios y brillantes, por lo que es importante ponerlos una tapa para que no cojan polvo. Los objetos de valor se pueden exponer en un armario con el frente de cristal o incluso en una superficie abierta sobre unas patas. Es mejor poner los especímenes pulidos o las muestras de formas sencillas al descubierto; son más fáciles de limpiar.

Cómo catalogar la colección

1. Poner un número de referencia a cada espécimen: dar un poco de pintura blanca o similar en una parte del mismo que no se vea, esperar a que se seque y escribir el número allí.

2. Apuntar el número de identificación de cada mineral en un fichero. Poner en la tarjeta el nombre y características de cada espécimen y el lugar y la fecha en donde se encontró o se compró. Poner las tarjetas por orden numérico.

3. Si se tiene la colección en un armarito con cajones para protegerla del polvo, se puede ordenar temáticamente: por familias, por colores o en orden numérico, para que vaya de acuerdo con las tarjetas del archivo.

GEMAS, CRISTALES Y MINERALES

La corteza de la Tierra está formada por rocas que, a su vez, son una acumulación de minerales. Estos minerales se han desarrollado –y siguen desarrollándose– a partir de un material básico: el polvo de estrellas que formó nuestro sistema solar. Si a un mineral se le deja desarrollarse sin impedimentos tomará una forma característica en tres dimensiones, llamada cristal. Este desarrollo es un proceso químico inorgánico, originado por elementos y compuestos que entran en contacto unos con otros en diferentes condiciones de intensidad. Un cristal sólo se clasifica como piedra preciosa si cumple tres condiciones: belleza, duración y rareza.

El crecimiento de los cristales es similar al de una perla, que se desarrolla, capa por capa y a partir de un grano de arena, dentro de una ostra. Cuesta trabajo creer que los cristales formen un átomo cada vez, pero el proceso tiene lugar en tres dimensiones y se repite miles de veces por segundo. Según el tamaño del cristal, puede tardar entre un día y un año en completarse.

Los cristales se forman a partir de vainas, roca fundida o soluciones acuosas, normalmente muy por debajo de la superficie terrestre. A veces se re-forman a partir de un material que era sólido y que ha sido calentado y comprimido hasta que se licúa y sólo vuelve al estado sólido cuando desaparecen la presión y/o la fuente de calor. Estos cristales reformados pueden no parecerse a los originales a causa de la adición o sustracción de elementos, o también por un cambio en la temperatura y/o presión del ambiente en el que crecen.

Los cristales suelen formarse por la acción hidrotérmica. Una solución muy caliente y muy concentrada de elementos químicos es obligada a penetrar, por las altas temperaturas, en las minigrietas y vetas. Al desplazarse, la temperatura y la presión se disipan. Cuando las condiciones son

Abajo. Un hermoso ejemplar de geoda de ágata del Brasil, que se ha rellenado primero con cuarzo y después con ópalo, formando un núcleo central opalino. (Mitad de su tamaño natural.)

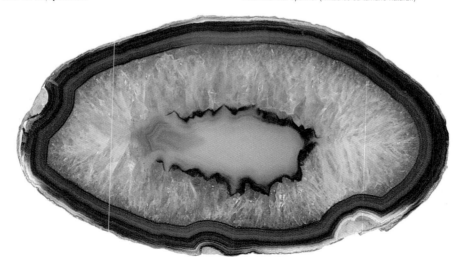

Derecha. El diamante Oppenheimer, que se guarda en el Instituto Smithsoniano; pesa 254 quilates.

Derecha. Como la mayoría de los cristales, esta erupción de lava en Kilauea Iki, Hawaii, se debe a actividades que se originan muy dentro de la corteza terrestre.

adecuadas y menos «turbulentas», en la solución empiezan a formarse cristales.

Los cristales también se forman a partir de las sales de los elementos, que van estando cada vez más concentradas al sobrepasar su nivel de saturación. Esto suele ocurrir cuando la entrada o la salida de un lago o un mar interior se cierra por un levantamiento geológico; según se va produciendo la evaporación natural, la solución se va haciendo cada vez más concentrada. Esto continúa hasta que se llega a la saturación y se produce la cristalización.

El tamaño de los cristales depende de su ritmo de crecimiento: cuanto más lento sea éste, más grandes se harán. Esto puede deberse a la evaporación, al enfriamiento de la solución o a la disminución de la presión. A veces, los resultados de la formación lenta de cristales son espectaculares. En Brasil se encontró un cristal de berilo que pesaba... ¡200 toneladas! Un crecimiento lento también hace que la forma del cristal sea más regular, porque los átomos tienen más tiempo para «colocarse».

Las caras de un cristal no crecen necesariamente a un mismo ritmo. Si la diferencia en el ritmo de crecimiento de las caras es muy acusada, los cristales serán alargados. Una acumulación más rápida de átomos en una dirección –debida, probablemente, a una fuerte atracción eléctrica– se reforzará si los átomos son atraídos hacia una cara pequeña en vez de hacia una larga. Del mismo modo, si el cristal se forma a partir de una base sólida –como suele ocurrir con las amatistas y la halita o sal gema– sólo la mitad del cristal puede recibir nuevas células. Lo asombroso es que estos cristales no se encuentren malformados y en forma irregular con mayor frecuencia.

Incluso en condiciones ideales, hay pocos minerales que cristalicen en forma regular. Suelen tomar una forma más rígida de la que tenían en estado líquido. Cuando estos minerales se forman a partir de un gel, suelen estar compuestos de cristales diminutos que, con el tiempo y en condiciones estables, se unirán para formar masas compactas o aglomerados.

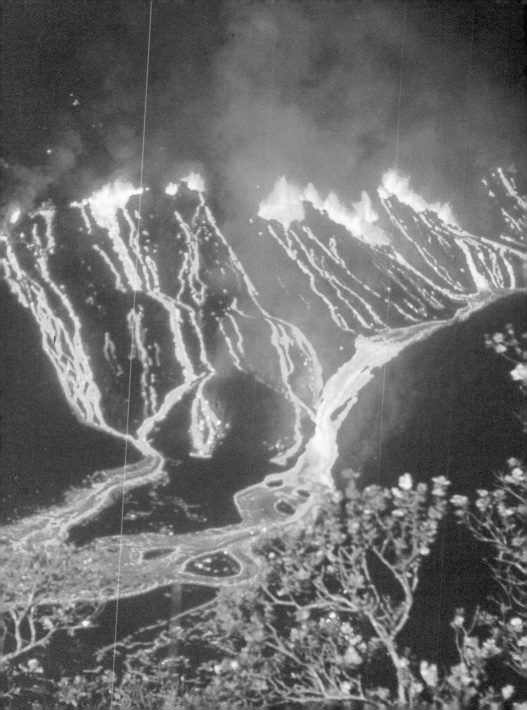

Propiedades de los cristales

Sistemas cristalinos

Si se sostiene un cubo por dos de sus caras opuestas, se le puede hacer girar de modo que presente cuatro caras diferentes en una rotación (simetría cuaternaria). Hay tres ejes perpendiculares de simetría cuaternaria (3A4). El cubo tiene, en total, 13 ejes de simetría (3A4, 4A3 y 6A2), pero sólo los tres ejes cuaternarios son característicos del sistema cúbico (o isométrico).

Hay siete sistemas cristalinos que se basan en el número de ejes de simetría. Son los siguientes:

Sistema cúbico. Tres ejes perpendiculares y de la misma longitud.
Sistema tetragonal. Tres ejes perpendiculares, dos de ellos de la misma longitud y un tercero más largo.
Sistema rómbico u ortorrómbico. Tres ejes perpendiculares, los tres de distinta longitud.
Sistema monoclínico. Dos ejes perpendiculares y un tercero oblicuo, los tres de distinta longitud.
Sistema triclínico. Tres ejes oblicuos y de distinta longitud.
Sistemas hexagonal y trigonal. Tres ejes de la misma longitud en un mismo plano, formando ángulos de 120 grados, más un eje más largo perpendicular al plano de los otros tres. Ambos sistemas tienen simetrías diferentes: el hexagonal tiene una simetría senaria y el trigonal, una simetría ternaria.

Los ejes cristalográficos son las líneas que cortan las caras del cristal. El sistema isométrico o cúbico tiene tres ejes perpendiculares y las caras se identifican por los índices de Millar: 100 para la cara del cubo cortada por el eje x (el que va hacia el observador); 010, para la cara cortada por el eje y (el horizontal perpendicular al x), y 001 para la cara cortada por el eje z (el vertical). Cuando el eje x corta una cara, el índice de Millar es 100; cuando la cortan los tres ejes, el índice es 111. Un índice de Millar de 210 indica que el eje x corta la cara del cristal a distinta distancia que el eje y.

Los ejes se dividen en segmentos positivos y negativos, que empiezan en el punto de intersección –u origen de coordenadas– de los mismos. El eje *negativo* se representa por un signo menos sobre el índice (por ejemplo, 101); el segmento positivo no lleva ningún signo (por ejemplo, 101).

Hay una propiedad relacionada con la estructura cristalina llamada exfoliación. Hay unos planos con menos cohesión en el retículo cristalino que producen la tendencia del cristal a dividirse en una cierta dirección.

A partir de una cara, un cristal puede crecer en dos direcciones distintas. Al resultado se le llama doble. Los cristales dobles pueden reconocerse por la presencia de ángulos entrantes. Se dan en el sistema cúbico, cuando un cubo entra dentro de otro.

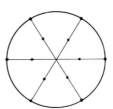

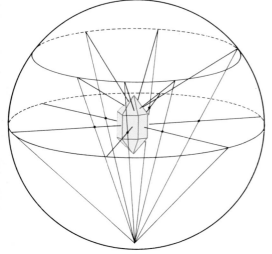

Las caras de un cristal pueden representarse en un plano. Imaginemos un cristal situado en el centro de una esfera **(izquierda).** Desde el centro de cada cara se levanta una perpendicular, hasta cortar la superficie de la esfera. Luego, se unen todos esos puntos de la superficie con el polo sur de la esfera. El dibujo que se forma donde esas líneas cortan el plano ecuatorial es la proyección estereográfica. Por muy distorsionado que esté el cristal, la proyección estereográfica resultante es la misma, porque los ángulos diedros entre las caras son constantes.

En la práctica, las proyecciones estereográficas se representan en una especie de gráfico circular llamado la red de Wulff.

Clasificación	Forma de la cara y orientación axial	Forma	Ejemplos
ISOMÉTRICO o CÚBICO		Los tres ejes tienen la misma longitud y son perpendiculares entre sí.	granate (icositetraedro) · espinela (octaedro)
TETRAGONAL		Los tres ejes son perpendiculares entre sí. Los dos que están en el mismo plano son de la misma longitud, mientras que el tercero es perpendicular a este plano y de distinta longitud.	circonio · escapolita común
HEXAGONAL		Tres de los cuatro ejes están en un plano y se cortan con ángulos de 60°. El cuarto eje es perpendicular y de distinta longitud que los otros. Hay seis planos de simetría.	apatito · berilo
TRIGONAL		Similar al sistema hexagonal. Hay tres ejes a 60° en el mismo plano. El cuarto eje es perpendicular. Hay tres planos de simetría.	cuarzo · zafiro
RÓMBICO		Tres ejes de distinta longitud. Dos son perpendiculares entre sí y el tercero es perpendicular al plano que forman.	peridoto · topacio
MONOCLÍNICO		Hay tres ejes de distinta longitud. Dos de ellos se cortan en ángulo oblicuo y el tercero es perpendicular a ambos.	feldespato ortosa · epidotita
TRICLÍNICO		Tres ejes de distinta longitud, que se cortan en ángulos oblicuos diferentes.	feldespato alcalino (amanita) · rodionita

Índices de millar

ISOMÉTRICO/CÚBICO	TETRAGONAL	HEXAGONAL

Regularidad

El primero en observar la regularidad con que se forman los cristales fue el científico danés Steno, en 1669. Encontró que, a una temperatura y presión determinadas, todos los cristales de la misma sustancia tienen el mismo ángulo entre sus caras. A esto se le llama la ley de la constancia de los ángulos diedros de las caras. Esto fue clarificado a principios del siglo XIX por Bernhardi, quien demostró que este ángulo diedro se tomaba mediante perpendiculares a las caras en la parte central del cristal.

Arriba. Distintas secciones de cuarzo perpendiculares a los ejes principales. El cristal de la izquierda se ha desarrollado de manera uniforme, mientras que los otros dos lo han hecho de forma irregular, aunque se sigue cumpliendo la ley de la igualdad.

Izquierda. Los cristales de piropo (granate de magnesio y aluminio), brillantes y cristalinos, parecen manchas de sangre en este cuarzo verdusco. En algunos, la forma del cristal es nítida; en otros, está redondeada por la erosión.

Dureza

La dureza es una característica inherente al mineral y fácil de determinar; se mide utilizando un método de resistencia al rayado, conocido como escala de Mohs, llamada así por Friedrich Mohs (1773-1839), un mineralista vienés. No le gustaba el método que había para describir los minerales como «blando» o «duro»» y decidió que había que buscar un enfoque más científico de la escala de dureza. Si se quería que la mineralogía fuera considerada una verdadera ciencia, habría que empezar por utilizar una nomenclatura que fuera exacta y científica.

De este modo, Mohs escogió 10 minerales de diversos grados de dureza y les asignó un «número de dureza» que iba del 1, para el más blando, al 10, para el más duro. Cada uno de ellos podía rayar a los minerales que ocupaban un puesto inferior en la escala y, a su vez, podía ser rayado por los que estaban por encima. Llamó blandos a los de dureza 1 y 2, de dureza media a los del 3 al 6, duros a los del 6 al 8 y «dureza de piedra preciosa» a los del 8 al 10.

Lo normal es que un geólogo lleve consigo muestras de la mayoría de los minerales de la escala

Escala de Mohs

	Mineral de comparación	Comportamiento del mineral	Dureza de molido de Rosiwal
1	Talco laminal	Se desmenuza con la uña	0,03
2	Yeso cristalizado	Se raya con la uña	1,25
3	Calcita	Se raya con una moneda de cobre	4,5
4	Fluorita	Se raya fácilmente con una navaja	5,0
5	Apatito	Se puede rayar con una navaja	6,5
6	Feldespato ortosa	Se raya con una lima de acero	37
7	Cristal de roca	Raya el cristal de una ventana	120
8	Topacio	Raya fácilmente al cristal de roca	175
9	Corindón	Raya fácilmente al topacio	1.000
10	Diamante	No se le puede rayar	140.000

La escala de Mohs va de 1, cuyo mineral de referencia es el talco laminal **(fotografía superior)**, al 10, cuya referencia mineral es el diamante **(encima de estas líneas).**

para poder hacer pruebas de dureza en el campo. Actualmente, se puede comprar un juego de lo que se llama «lápices de dureza». Consiste en una serie de esquirlas de los minerales adecuados, sujetas por una especie de mango, con el grado de dureza claramente marcado en él. Al hacer una prueba de dureza hay que cuidar de elegir una superficie bien sólida para efectuarla.

Las ventajas de la prueba de dureza de rayado de Mohs son su facilidad y sencillez. Pero se trata de una escala empírica, que no tiene nada que ver con la dureza. Este valor puede verse a la derecha de la tabla anterior, en la que se expresa la resistencia al corte o dureza «de molido» de Rosiwal de los minerales de la escala de Mohs. La escala de Rosiwal (1860-1923) es una escala de dureza científica.

La dureza de un material depende del enlace de los átomos en la estructura cristalina. Estos enlaces pueden variar según su dirección cristalográfica. Entre otras, puede haber variaciones de la dureza en cristales estriados, laminados o erosionados por la intemperie. El ejemplo más conocido de variación de la dureza se produce en los cristales de kianita, que tienen una dureza de 4 a 5 a lo largo del eje z y un valor de 6 a 7 a lo largo de todo el eje y.

Peso específico

El peso específico de un cristal (llamado a veces densidad relativa) se define como el peso por unidad de volumen, es decir el cociente del peso de un objeto dividido por el de un volumen igual de agua destilada.

El peso específico de un cristal se puede medir. La primera, usando una balanza hidrostática: se pesa primero el cristal en el aire (P1) y luego en agua destilada (P2). El peso específico se calcularía así:

$$\text{Peso específico} = \frac{P1}{P1 - P2}$$

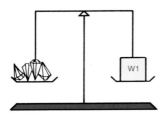 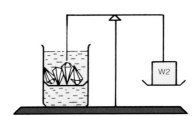

Arriba. Cómo utilizar una balanza hidrostática.

Como método alternativo, puede usarse un picnómetro (para medir densidades). Este aparato es una botella con un tapón hermético que tiene un orificio capilar. El procedimiento consiste en empezar por pesar el cristal en una balanza (véase figura P1). Luego se llena el picnómetro de agua destilada y se le pesa, con el tapón en su sitio (P2).

A continuación, se le quita el tapón al picnómetro, se mete dentro el cristal y se vuelve a poner el tapón. El agua que sobra sale del picnómetro, que se vuelve a pesar junto con su contenido (P3). El peso específico del cristal se calcula mediante la siguiente fórmula:

$$\text{Peso específico} = \frac{P1}{P1 + P2 - P3}$$

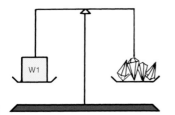 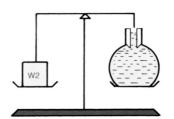 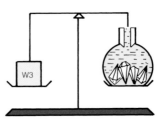

Arriba. Las tres fases del uso de un picnómetro.

La densidad de un material depende de la proximidad de sus átomos y suele emplearse en los procesos industriales como una manera fácil y segura de separar un mineral aprovechable de uno que no tiene ningún valor, en especial si hay mucha diferencia entre sus pesos específicos.

Dos trozos parecidos de calcita y galena. Ambas muestras tienen casi el mismo tamaño, pero la galena, rica en plomo **(a la derecha)**, tiene un gran peso específico y pesa mucho más que la calcita **(izquierda).**

Color

Algunos colores son llamativos y sirven para el diagnóstico, mientras que otros son menos útiles a efectos de identificación. Los colores de los minerales que siguen ayudan a identificarlos:
Galena: gris plomo.
Malaquita: verde.
Piritas: amarillo latón.
  Los colores de estos otros son variables y, por ello, menos útiles para el diagnóstico:
Baritas.
Espatos de flúor.
Cristal de roca.

Brillo

El brillo es la manera en que la superficie de un mineral refleja la luz. La superficie puede ser muy brillante, casi como el cristal, o puede no reflejar apenas la luz. Hay una serie de palabras para denominar el brillo.
Diamantino, brillo como el del diamante; por ejemplo, la casiterita.
Vítreo haloideo, como cristal roto; por ejemplo, el cristal de roca.
Resinoso, como resina o cera; por ejemplo, la esfalerita.
Graso, como la superficie de la margarina o la mantequilla; brillante, pero no tanto como el cristal; por ejemplo, la hialita o sal gema.
Nacarado, como las perlas; por ejemplo, la estilbina o antimonita.
Sedoso, como la seda; por ejemplo, el espato satinado.
Brillante, que refleja una imagen, pero no con claridad; por ejemplo, la selenita.
Metálico, como el del metal pulimentado; p.e., las piritas.
Titilante o **chispeante,** que refleja la luz, pero no una imagen; por ejemplo, la calcopirita.
Rutilante, con reflejos imperfectos desde algunos puntos de la muestra; por ejemplo, el pedernal.
Mate, con muy poco reflejo.

Izquierda. Las piritas tienen un brillo entre metálico y titilante.

Fractura

Cuando un espécimen se rompe de forma suave y uniforme a lo largo de uno o varios planos, a éstos se les llama planos de exfoliación. Unos especímenes pueden romperse al azar, mientras que hay otros que pueden tener un tipo de rotura o fractura distintiva:

Concoidea, que rompe con cavidades concéntricas, como el cristal de roca.

Subconcoidea, rotura concoidea menos nítida, como la de la turmalina.

Regular, con una superficie plana y ligeramente áspera, como las baritas.

Desigual, superficie rugosa e irregular; por ejemplo, la piroxena.

Ganchuda o áspera, superficie que tiene puntas agudas; por ejemplo, la especularita.

Terrosa, con una superficie apagada y que se desmiga, como la limonita.

Derecha. La fractura de un mineral puede servir para el diagnóstico. La fractura concoidea —como la de esta obsidiana— produce un dibujo de excrecencias concéntricas.

Tenacidad

Otra prueba de los minerales es su tenacidad. Se la denomina con los siguientes términos:

Divisibles o seccionables, cuando se cortan fácilmente con un cuchillo, como el yeso.

Frágiles, si se desmenuzan al golpearlos con un martillo, como la calcita.

Maleables, si una lámina cortada se puede hacer más fina golpeándola con un martillo, como el cobre.

Flexibles, si se doblan sin romperse, como el crisolito o peridoto.

Derecha. La galena, que pertenece al grupo de los sulfuros, es muy quebradiza.

Refracción y reflexión de la luz

El comportamiento de la luz al entrar en un cristal depende de su estructura atómica interna. Pueden medirse y emplearse como medios de identificación los diversos valores para las distintas piedras preciosas.

Los minerales isométricos y los no cristalinos son isotrópicos. Cuando la luz penetra en ellos, queda frenada y cambia de dirección. Se dice que el mineral es de refracción simple cuando cada rayo de luz es frenado y refractado en la misma proporción. Cuando la luz penetra en un mineral que cristaliza en uno de los otros seis sistemas cristalográficos (véanse págs. 22-23) se divide en dos rayos, que a su vez se refractan en distinta medida. Se llama a estos cristales de refracción doble.

Las piedras preciosas de refracción doble pueden parecer de colores y de formas diferentes a los del cuerpo principal si se las mira desde distintos ángulos y se las llama pleocroicas. Las gemas en las que se ven dos colores son dicroicas y pertenecen a los sistemas de simetría tetragonal, trigonal o hexagonal. Las gemas en las que se ven tres colores son tricroicas y pertenecen a los sistemas rómbico, monoclínico o triclínico. Hay un instrumento, llamado dicroscopio, que puede usarse para ver dos colores, uno junto a otro, a través del ocular.

Arriba. Piedra de sinhalita tallada con doble refracción, al tener una serie de índices de refracción.

Arriba. Pleocroísmo en una piedra tallada de iolita. La piedra se ve azul y, al darle la vuelta, incolora.

Entre las piedras preciosas con un fuerte policroísmo, que puede verse fácilmente a simple vista, están la iolita y la turmalina.

El índice de refracción indica el grado de desviación de los rayos de luz y puede medirse con un refractómetro. Un mineral de refracción simple tiene un solo índice de refracción, pero un mineral de refracción doble tiene una serie de índices de refracción. A la diferencia entre los índices de refracción máximo y mínimo de un cristal se le llama birrefringencia. Cuando ésta es alta, puede verse a los rayos de luz reflejarse en partes distintas del fondo de la piedra, provocando un desdoblamiento aparente de las facetas de atrás cuando se mira desde la faceta delantera.

La luz que se refleja en fibras o cavidades fibrosas del interior del mineral puede aparecer como un ojo de gato (tornasolado). Como una estrella (asterismo), cuando las piedras se tallan con la parte superior en forma de bóveda (cabujón). Los ojos de gato se pueden ver cuando la luz se refleja en formaciones o inclusiones paralelas. Las piedras estrelladas se ven cuando varias formaciones de fibras paralelas reflejan la luz. Una estrella de cuatro reflejos tiene dos conjuntos de fibras paralelas y una de seis reflejos, tres conjuntos de fibras paralelas. A veces, puede tallarse una piedra de zafiro con doce reflejos.

Arriba. Los ojos de gato o tornasolados del crisoberilo son luces reflejadas en formaciones o inclusiones de fibras paralelas.

Izquierda. La calcita es un mineral que puede ser transparente, pudiendo verse los objetos a través de un cristal de esta sustancia: hay algunos cristales transparentes de calcita llamados espatos de Islandia que dan una doble imagen cuando se mira a través de ellos.

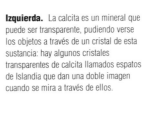

Derecha. Aguamarinas azules, con distintos tipos de facetas.

Cómo analizar los minerales con la luz

Si cortamos una lámina de una roca o de un mineral lo bastante fina, es transparente; si la ponemos en una diapositiva de cristal se la puede examinar a través de un microscopio especial. Ésta es la técnica principal que usan los geólogos profesionales para identificar las diferentes rocas y minerales.

Un microscopio petrológico es, básicamente, un microscopio óptico normal con algunos accesorios. Debajo del portaobjetos, hay un filtro –llamado polarizador– para que sólo pueda pasar a través del espécimen la luz polarizada. En el tubo del microscopio hay un filtro polarizador –llamado analizador–, montado perpendicularmente, que se puede quitar y que absorbe la luz polarizada que sube por el tubo. Como consecuencia, al observador no le llega ninguna luz. Sin embargo, una lámina de mineral en el portaobjetos puede afectar a la polarización de la luz que pasa a través de ella, que se hace visible para el observador con un color falso: el color de interferencia. La «repolarización» de la luz por parte del mineral depende de su simetría cristalina y del ángulo que ofrece el mineral. El portaobjetos de especímenes de un microscopio petrológico es giratorio, con lo que se puede dar la vuelta al espécimen para estudiar el efecto.

Índice de refracción. Se estudia por medio del analizador. La luz, al pasar de un medio a otro, se refracta o desvía hacia el medio más denso. El principio es el mismo que se emplea para el estudio

Derecha. Haciendo pasar luz polarizada a través de una fina lámina de esquisto de roca pueden verse los minerales que la componen. Algunas clases de micas aparecen de color pardo, mientras que unos cristales grandes e irregulares de granate son de un gris rosáceo. Los cristales negros opacos son fragmentos diminutos de mineral de hierro.

El granate pleocroico destaca por su alto índice de refracción

Mica pleocroica de color pardo oscuro

Mineral de hierro: negro opaco

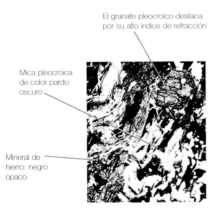

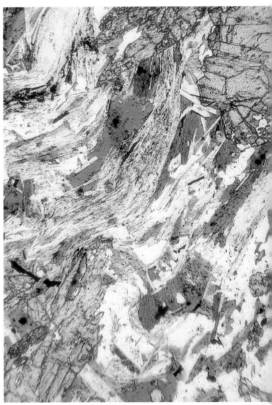

de las ondas de choque a través de la corteza terrestre después de un terremoto. En una lámina de roca, en la que hay minerales con distintos índices de refracción unos junto a otros, la luz que pasa por la muestra se refracta hacia el mineral que tenga el índice más alto. Como consecuencia, los minerales con índices de refracción grandes aparecen con una franja brillante por el interior del borde: la llamada línea Becke.

Minerales isotrópicos. Hay láminas finas de algunos minerales que no afectan a la polaridad de la luz que pasa a través de ellas. La luz polarizada que pasa es absorbida por el analizador, por lo que estos minerales se ven como formas oscuras.

Minerales anisotrópicos. La mayoría de los minerales afectan a la polaridad de la luz ya polarizada que pasa a través de ellos y se muestra en sus colores de interferencia. Si uno de esos minerales se gira de una forma determinada, su efecto sobre la polaridad es mínimo y el mineral se vuelve oscuro. Cuando el portaobjetos del microscopio se gira hasta este ángulo de extinción, el efecto es como si fuese la luz. Hay minerales que se vuelven oscuros cuando se los coloca paralelos a la polarización de la luz: tienen extinción directa. Otros se vuelven oscuros cuando el cristal está en oblicuo con la luz polarizada: tienen extinción oblicua. El estudio de esos ángulos oblicuos es importante para identificar los minerales.

Izquierda. Cuando se pone un filtro polarizador que afecta a la luz ya polarizada que pasa a través del espécimen, casi todos los minerales aparecen con unos colores falsos que ayudan a identificarlos. El granate se vuelve negro y los cristales de mica indican las tensiones a las que se formó la roca. Una masa de cristales de cuarzo aparece como un mosaico de cristales grises.

Todas las micas (las oscuras y las claras) de veta retorcida tienen colores de interferencia

El granate, al ser isotrópico, es oscuro

El cuarzo –cuya estructura interna no produce colores de interferencia– se ve siempre en matices de gris

Mineral de hierro: sigue siendo negro

Veta

La veta o el rayado de un mineral es del color de su polvo. Aunque hay muchos minerales que cambian de color al mirarlos, normalmente su veta sigue siendo del mismo color. Hay minerales que son del mismo color –como la magnetita y la cromita– pero se pueden

distinguir por su veta. La de la magnetita es negra y la veta de la cromita es de color cuero o pardo.

Para encontrar la veta hace falta una placa de rayado –que puede comprarse en una tienda especializada– o, simplemente, usar la parte de atrás sin barniz vítreo de un azulejo de porcelana de cocina o de baño. Para hacer una raya, frotar el mineral contra el azulejo. Esto no funcionará con minerales muy duros, que no harán más que arañar el azulejo.

Arriba. Para ver la veta, se necesita un azulejo. Hay que usar la parte de atrás, que no tiene barniz vítreo. Hay que separar los distintos minerales de la roca. Si, como aquí, se usa un trozo de roca, rascar con el mineral que se quiere identificar.

Transparencia

A través de algunos minerales sólidos se puede ver como a través de un cristal: se dice que son transparentes. La calcita es transparente, pero da una doble imagen de las cosas cuando se mira a través de ella. Hay otros minerales –como el aguamarina– a través de los cuales no se pueden ver las formas, aunque sí la luz: éstos son translúcidos. Si a través de un mineral no pasa nada de luz, se dice de él que es opaco.

Izquierda. Algunos cristales muestran una peculiaridad óptica llamada birrefringencia, por la que un objeto, visto a través del cristal, se ve doble. En este caso, el cristal transparente es la calcita de Islandia.

Piedras de aniversario o cumpleaños

Mes	Color	Piedra oficial	Mes	Color	Piedra oficial
Enero	Rojo oscuro	Granate	Julio	Rojo	Rubí
Febrero	Púrpura	Amatista	Agosto	Verde pálido	Peridoto
Marzo	Azul pálido	Aguamarina	Septiembre	Azul oscuro	Zafiro
Abril	Blanco (transpar.)	Diamante	Octubre	Veteado	Ópalo
Mayo	Verde brillante	Esmeralda	Noviembre	Amarillo	Topacio
Junio	Crema	Perla	Diciembre	Azul celeste	Turquesa

Esta caja decorativa lleva engastadas una citrina grande y otras gemas. El lagarto se ha tallado en cuarzo ojo de gato.

Clave de colores para gemas, cristales y minerales

En estas páginas encontraremos la información para identificar una amplia gama de piedras preciosas, semipreciosas y minerales. Si ya tenemos una idea clara de qué espécimen se trate, podemos ir a la página que corresponde y comprobar si los datos coinciden. Hay que asegurarse de que coincidan todos los datos y no sólo la mayoría: incluso una pequeña diferencia puede indicar que se trata de otro mineral. Si no tenemos ni idea de lo que es la muestra, hay que ir viendo uno a uno los factores clave, empezando por el color. Después se agrupan las piedras de modo que, debajo de cada una vayan las de su mismo color. Es bueno que nos hagamos nuestras propias tablas de otras propiedades, como el brillo. Hay que recordar que muchos minerales se presentan en una amplia variedad de colores.

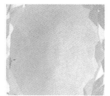

Incoloro
Diamante

Blanco
Cuarzo lechoso

Kunzita

Rubí

Circón

Calcita

Berilo de morganita

Espinela

Cristal de roca

Rosa
Cuarzo rosado

Rojo
Ágata

Almandina

Amarillento
Citrina

Ámbar

Jade

Lapislázuli

Ámbar pardo
Berilo heliodoro

Verde
Esmeralda

Peridoto

Turquesa

Cornalina

Granate

Amazonita

Topacio

Cuarzo
ahumado

Malaquita

Azul
Aguamarina

Púrpura
Amatista

Cómo hacer resaltar las piedras preciosas

Las piedras preciosas pueden encontrarse como cristales en bruto o como cantos rodados. Los lapidarios las tallan y las pulen, para hacerlas lo más hermosas posible, conservando el máximo de su peso.

Para decidir la mejor forma de tallar una piedra preciosa, el lapidario tiene que conocer las propiedades de la piedra de que se trate. Debe conocer las cualidades de la piedra (entre ellas, su dureza, sus «luces» y su birrefringencia) y también sus puntos débiles (exfoliación), examinándola cuidadosamente por si tiene impurezas o inclusiones. Es importante orientar la piedra de modo que se vea el mejor color en los cristales pleocroicos o policromáticos, ocultando las impurezas o inclusiones.

La talla más antigua y más sencilla es la de cabujón. Una piedra tallada en *cabochon* o cabujón tiene una superficie lisa y pulida con un perfil redondeado o curvo. La talla de cabujón se usa para piedras opacas o translúcidas, para las que tienen un cuerpo con colores, iridiscencia o brillo muy fuertes, o para sacar el mayor partido posible de las piedras de ojo de gato o estrelladas.

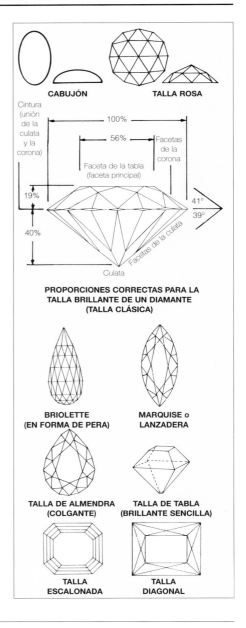

Una colección de cabujones de piedras estrelladas y de ojo de gato.

Las piedras transparentes se tallan de manera que puedan verse una serie de caras planas y pulidas (facetas). La talla brillante es una de las más empleadas y es la ideal para los diamantes porque saca el máximo partido de la gran dispersión y brillo del diamante. Es una talla perfecta: se refleja toda la luz que entra en la piedra. Las facetas de la parte delantera de la piedra (facetas de la corona) reflejan la luz de su superficie, que se ve como brillo. La gran faceta central de la corona es la tabla. La luz que entra en la piedra sale reflejada por las facetas de atrás (facetas de la culata), mostrando el color y las luces. Si los ángulos no son los precisos, se puede perder algo de luz entre las facetas de la culata.

La talla en facetas escalonadas (o trapezoidales) se emplea en las piedras cuyo rasgo más importante es el color, como las esmeraldas y los rubíes. Hay muchas otras tallas; algunas aparecen en la ilustración. Una piedra rara o muy interesante puede tallarse de una forma insólita, para darle más interés o conservar el máximo peso posible de ella.

Imitaciones

Hay una serie de materiales que pueden emplearse como imitaciones de las piedras preciosas. Estas imitaciones pueden ser naturales o manufacturadas.

Pueden no ser más que trozos de vidrio coloreados para que parezcan piedras preciosas y también pueden ser más complejas y hechas de varios materiales (piedras compuestas). Las burbujas y remolinos de la pasta se pueden ver y lo mismo pasa con los arañazos en la superficie del cristal. El vidrio tiene refracción simple y muchas de las piedras que se imitan con él son birrefringentes.

Imitaciones del diamante	
Imitación	**Comparación con el diamante**
Espinela	Menos luces que el diamante.
Zafiro	Menos brillante.
Granate de itrio y aluminio	Más pesado, no tiene luces.
Titanita	Blanda, excesiva birrefringencia.
Scheelita sintética (tungstato de calcio)	Blanda.
Circón	Birrefringencia excesiva
Circonita cúbica	Muy pesada.
Titanato de estroncio	Blando, más luces que el diamante.
Rutilo sintético	Muy birrefringente, excesivas luces.
Pasta	Blanda.
Cristal de roca	No tiene luces.

Arriba. Dispersión y luces en **(de izquierda a derecha):** el titanato de estroncio, la circonita cúbica, el diamante, el granate de itrio y aluminio y el zafiro sintético blanco.

Arriba. El cristal de roca se usa para hacer diamantes de imitación.

En la época victoriana se usaba mucho el doblete con granate encima para imitar piedras preciosas de diversos colores. Los dobletes se hacían pegando un trozo de granate de almandina encima de un trozo de vidrio; después, se tallaban juntos el granate y el vidrio para imitar las facetas del rubí, el zafiro o la esmeralda. Generalmente se ve la unión de las dos piezas en la parte de arriba de la piedra y se suele notar la diferencia de brillo entre ellas.

Las esmeraldas *soudés* (soldadas) son piedras compuestas a imitación de la esmeralda, hechas con dos trozos de berilo pálido o cristal de roca pegados con un pegamento de color verde. La unión va oculta por un engaste cerrado. Entre otras piedras compuestas están los dobletes y tripletes de ópalo.

Piedras sintéticas

Las piedras sintéticas son materiales fabricados que tienen la misma composición química que las piedras preciosas naturales y, por consiguiente, tienen también propiedades físicas muy parecidas. Se hacen en laboratorio, mediante una serie de técnicas entre las que están la fusión o disolución de sustancias químicas en polvo antes de dejarlas enfriarse y cristalizar.

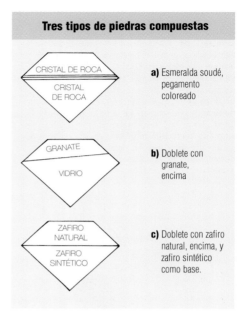

Tres tipos de piedras compuestas

a) Esmeralda soudé, pegamento coloreado

b) Doblete con granate, encima

c) Doblete con zafiro natural, encima, y zafiro sintético como base.

El corindón sintético tiene unos rasgos internos característicos que pueden verse con una lente o un microscopio. Para distinguir las piedras sintéticas de las naturales puede observarse si las líneas de crecimiento son curvas y la inclusión de pequeñas burbujas. Las esmeraldas sintéticas también tienen inclusiones características, entre las que hay cavidades de líquido y oclusiones de dos fases (una burbuja líquida y otra gaseosa).

Gilson fabricaba ópalos blancos y negros con una estructura similar a la del ópalo natural y con el mismo juego de colores. Vistos al microscopio, los ópalos de Gilson tienen un característico dibujo de mosaico, que parece una «piel de lagarto». La turquesa sintética de Gilson puede reconocerse por su estructura peculiar de partículas angulosas de color azul oscuro sobre un fondo blanquecino. El lapislázuli sintético de Gilson puede distinguirse del natural por su baja densidad y su gran porosidad.

Izquierda. Diamantes sintéticos de color amarillo pardusco fabricados en el laboratorio De Beers de investigación sobre los diamantes.

Empleo de los cristales: pasado y presente

Al principio, el hombre primitivo usó los cristales como filo para cortar; los sujetaba a un palo o un mango de madera, que podía usarse como una herramienta o un arma formidable. También los utilizaron los habitantes de las cavernas para las pinturas rupestres hechas en las rocas y paredes de las grutas, algunas de las cuales existen todavía en el sur de Francia, el norte de España y Australia. Estas pinturas las hacían con tierra y polvo de hematita (rojo), limonita (amarillo) y pirolusita (azul-negro) en polvo, mezclándolas con agua o grasas animales para hacer una pasta. También se usaron en esta forma como pinturas corporales para ir al combate, para ceremonias y como decoración religiosa.

Hace más de 5.000 años, en el antiguo Egipto los faraones empleaban miles de esclavos para trabajar en las minas de turquesas que había en la península del Sinaí. Probablemente fueron las primeras minas de cristal explotadas comercialmente. Además de la turquesa, los egipcios tenían una avidez casi fanática por el lapislázuli. Como la producción local no podía satisfacer la demanda, se hacía traer del Afganistán, a unos 4.000 kilómetros de distancia. También se hacían imitaciones para satisfacer la demanda.

Debajo. Buscado desde siempre, el oro es un metal escaso que puede encontrarse en forma cristalina. Esta draga aurífera está funcionando en el borde de un río de la Isla del Sur, Nueva Zelanda.

En la actualidad, hay muchos materiales muy corrientes como el yeso o la sal gema que proceden de cristales. Éstos se usan en la siderurgia no sólo como fuente de la mayoría de los minerales metálicos, sino como el componente principal del ladrillo refractario y de los fundentes utilizados en el refinado de metales. Y los cristales de gran calidad se siguen usando como piedras preciosas.

Recientemente, se ha dado un paso revolucionario en la tecnología del cristal como consecuencia directa del interés que existe por la cerámica como alternativa a las aleaciones de acero. En un molde, se comprimen materiales cerámicos y metal en polvo a una presión y temperatura tan altas que se funden formando una masa compacta. Esta masa resultante se trabaja con máquinas herramienta para emplearla, por ejemplo, como un bloque motor. La reducción de peso y la manera en que la original masa en polvo puede ser tallada y moldeada se han recibido como una revolución en la ingeniería de materiales. El próximo paso de este interesantísimo desarrollo será hacer crecer un solo cristal hasta formar un bloque motor o una hoja de turbina, utilizando una solución muy concentrada como medio material. Se continúa trabajando en este campo y ya se han hecho alentadores progresos.

Arriba. Al combate se solían llevar cristales como los granates de esta hebilla de cinturón encontrada en una tumba vikinga del siglo VI en Noruega.

Izquierda. Esta caja de madera contiene una colección de joyas y amuletos egipcios, entre los cuales hay cristales como el oro y el lapislázuli.

GEMAS, CRISTALES Y MINERALES: IDENTIFICACIÓN

Cómo utilizar este capítulo

En el capítulo de identificación, los minerales van relacionados en el siguiente orden:

Metales y no metales nativos
Sulfuros
Boratos
Óxidos
Hidróxidos
Sales haloideas
Carbonatos
Silicatos
Fosfatos
Sulfatos
Tungstatos
Hidratos
Sustancias orgánicas

Para encontrar la referencia de una gema o piedra preciosa concreta, consultar el índice del final del libro.

Clave de los símbolos

Cada ficha de identificación tiene información sobre:

Estructura cristalina

Estructura cristalina	
isométrica/cúbica	rómbica
tetragonal	monoclínica
hexagonal	triclínica
trigonal	amorfa

Peso específico

Peso específico: 3,16 - 3,20

Dureza en la escala de Mohs

Dureza escala de Mohs: 6-7

METALES Y NO-METALES NATIVOS

Los elementos nativos son simples, no compuestos; estos últimos se componen de varios elementos. El oro, la plata, el cobre, el platino y el mercurio son metales; el diamante, el grafito y el azufre son elementos no metálicos. Los metales son densos y opacos y son buenos conductores de la electricidad, al contrario que los elementos nativos no metálicos, que son translúcidos y suelen formar cristales más nítidos. Hay algunos elementos nativos –como el arsénico y el antimonio– que poseen propiedades de los metales y los no metales, por lo que se identifican como metaloides.

Oro (Au) Grupo de metales y no-metales nativos

Dureza en la escala de Mohs: 2,5-3	Peso específico: 15,6-19,33 en estado puro	Cristaliza en el sistema: isométrico o cúbico

pálido y plateado; hay otras variedades que tienen hasta un 20% de cobre y de paladio.

Usos Patrón monetario, joyería, electrónica, ventanillas de avión.

Se encuentra En todo el mundo, casi siempre en vetas cuarcíferas y placeres o depósitos, aunque también se presenta en rocas ígneas, metamórficas y sedimentarias. Se encuentra especialmente en los montes Urales, Siberia, los Alpes, la India, China, Nueva Zelanda, Queensland (Australia), Sudáfrica (Transvaal), Colombia, México, Yukón (Canadá) y EE.UU. (en las cadenas montañosas del oeste).

A veces, se confunde el oro con la pirita (falso oro). Pero el oro suele tener un color amarillo dorado mucho más intenso y es mucho más blando que la pirita. También su veta es de color amarillo dorado, mientras que la pirita deja un rayado de color negro verdusco. El oro casi nunca se desluce ni se altera a la intemperie.

El oro es uno de los pocos elementos que se presenta en estado puro de modo natural. Lo más frecuente es que forme pequeñas vetas y hojuelas en otros minerales. Con frecuencia, pueden encontrarse pequeñas manchas

Características distintivas Maleabilidad, color, asociación con piritas, galena y calcopirita.

Color De amarillo-oro oscuro a amarillo pálido.

Brillo Metálico.

Veta De amarillo-dorada a rojiza.

Transparencia Opaco.

Exfoliación Ninguna.

Fractura Ganchuda, áspera.

Tenacidad Dúctil y maleable.

Formas Láminas planas, arborescente y cristalina (rara).

Variedades Generalmente, en aleación con la plata: el oro normal lleva un 10% de plata; el electrolítico lleva un 38% de plata y tiene un color entre amarillo

Arriba. Cuando un buscador pasaba por una gamella gravilla del río Guillabamba, en Perú, quedaron en la rejilla estos diminutos granitos de oro. Otras veces, al cerner, puede encontrarse una pepita. La pepita de oro puro más grande es la «Wellcome Stranger», encontrada en Moliagul, Australia, en 1869.

brillantes de oro en las pepitas de cuarzo de las vetas minerales y se puede tener la suerte de encontrar alguna en alguna zona aurífera conocida. Pero las manchitas suelen ser diminutas y lo más probable es que haya que examinar muchos trozos de cuarzo con una lupa para poder ver algún puntito. A veces, el oro encontrado así puede extraerse de forma industrial machacando las rocas y usando luego mercurio o cianuro para disolver los fragmentos de roca.

Aparte de las vetas en los minerales, se puede encontrar oro en los conglomerados de arenisca y guijarros, a los que es arrastrado cuando la piedra en la que se formó es desmenuzada por la intemperie. Como el oro es un mineral muy denso, se deposita entre la arena y el cascajo en los lechos de las corrientes de aguas, en unos trozos llamados pepitas. Estas pepitas se pueden recoger cerniendo la arena y la grava con una gamella.

Durante más de 5.000 años, el oro ha sido una medida de la riqueza. Los antiguos egipcios sabían trabajar el oro y lo usaban en los ornamentos religiosos. Durante el siglo XIX hubo una

Arriba. A veces, se forman hilos de oro en cristales de roca como éstos. Lo más frecuente es que el oro forme unos puntitos casi microscópicos dispersos por toda la roca nativa. Puede extraerse industrialmente por procedimientos químicos; pero las rocas pueden también desmenuzarse de forma natural a la intemperie, permitiendo que los granos de oro sean arrastrados a los ríos formando depósitos o placeres.

serie de «fiebre del oro» en EE.UU. y en Australia. En 1848, por ejemplo, decenas de millares de personas se precipitaron a California para buscar oro.

Plata (Ag) Grupo de metales y no-metales nativos

Dureza en la escala de Mohs: 2,5-3	Peso específico: 10,1-10,5 en estado puro	Cristaliza en el sistema: isométrico o cúbico

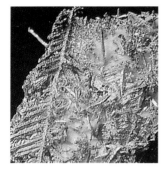

al aire, la plata se desluce enseguida, porque el oxígeno del aire forma una capa negra de óxido de plata. Se dobla y trabaja con mucha facilidad, por lo que la plata se ha usado para hacer joyas, adornos y diversos objetos. El mayor productor del mundo hoy son las minas de Guanajuato, en México, que llevan explotándose más de 500 años. La plata forma también parte de los compuestos sensibles a la luz, que son la base de la fotografía. Hoy día, la mayor consumidora mundial de plata es la industria fotográfica. La plata es también el mejor conductor del calor y la electricidad, por lo que tiene un papel cada vez más importante en la electrónica.

Debajo. La plata es uno de los pocos elementos que se pueden encontrar en estado puro: como «elementos nativos».

Características distintivas Maleabilidad, color y peso específico.
Color Blanco plateado.
Brillo Metálico.
Veta Blanca plateada.
Transparencia Opaca.
Exfoliación Ninguna.
Fractura Áspera.
Tenacidad Dúctil, maleable.
Formas Cristales retorcidos, reticulados y arborescentes.
Variedades Normalmente, en aleación con oro o cobre.
Usos Monedas, joyería, adornos, electrónica.
Se encuentra La plata nativa es rara y suele estar asociada con minerales de plata. Se encuentra en Noruega, Europa Central, Australia (Nueva Gales del Sur), Chile, México, Canadá (Ontario) y EE.UU. (Michigan, Montana, Idaho y Colorado).

Este metal se encuentra a veces en cristales pequeños y cúbicos, pero lo más frecuente es que se presente en pepitas o hilos. La plata forma vetas en otros minerales y suele extraerse machacando y depurando la galena. También se encuentra con minerales de cobre. Si se expone

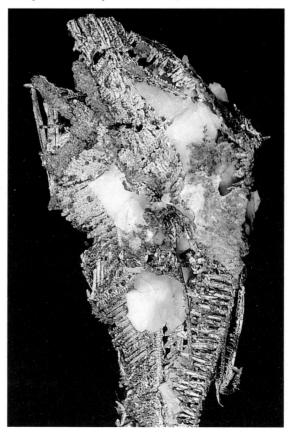

Cobre (Cu) Grupo de metales y no-metales nativos

Dureza en la escala de Mohs: 2,5-3	Peso específico: 8,8-8,9 en estado puro	Cristaliza en el sistema: isométrico o cúbico

Características distintivas
Color, maleabilidad, ductilidad, asociación con la malaquita y otros minerales de cobre. Soluble en ácido nítrico, produciendo humos nitrosos rojos.
Color Rojo-cobre.
Brillo Metálico.
Veta Metálica, cobriza, brillante.
Transparencia Opaco.
Exfoliación Ninguna.
Fractura Áspera.
Tenacidad Dúctil, maleable.
Formas Retorcida, fibrilar, laminar; los cristales son raros.
Variedades Vetas, hilos, láminas, masas cristalinas.
Usos Cables de conducción eléctrica, electrónica, en aleación con el estaño y con el zinc.
Se encuentra El cobre nativo suele ser de origen secundario, en vetas de mineral de cobre, arenisca, piedra caliza, pizarra y rocas casi ígneas. Se encuentra en el sudoeste del Reino Unido, Rusia, Australia (Nueva Gales del Sur), Chile, Bolivia, México, EE.UU. (zona del lago Superior, Arizona y Nuevo México).

El cobre es un componente esencial de la industria moderna. Por ejemplo, para fabricar un automóvil se necesitan entre 22 y 36 kilogramos de cobre. Chile es el mayor productor mundial de cobre, seguido por EE.UU. La minería del cobre es vital para la economía de otros muchos países de todo el mundo, entre ellos Rusia, Indonesia, Australia, Perú, China, Zambia, Polonia, Kazakistán, Filipinas y Zaire.

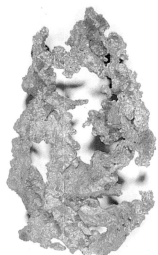

Debajo. La gigantesca mina de cobre a cielo abierto de Kennecott, en Utah (EE.UU.).

Diamante (c) Grupo de metales y no-metales nativos

Dureza en la escala de Mohs: 10	Peso específico: 3,516- 3,525	Cristaliza en el sistema: isométrico o cúbico

Características distintivas
Muy brillante y durísimo.
Color Incoloro, blanco o,
raramente, rosa, amarillo, naranja,
azul o verde.
Brillo De diamantino a graso.
Veta Ninguna.
Transparencia Transparente,
aunque puede ser de translúcido a
opaco.
Exfoliación Ortoédrica,
perfecta en el eje z.
Fractura Concoidea.
Tenacidad No aplicable.
Formas Cristales ortoédricos;
también esférico y macizo.
Variedades Ninguna.
Usos Joyería, como abrasivo,
herramientas cortantes y pulido de
piedras preciosas.
Se encuentra En las antiguas
minas de Golconda, en el sur de la
India, se han encontrado algunos
de los diamantes más famosos,
como el Koh-i-nor y el Jehangir.
Los diamantes están muy
extendidos en Brasil; la mayoría
de las piedras, aunque pequeñas,
son de buena calidad. El
carbonado es un insólito diamante
negro microcristalino que se
encuentra en las gravillas de río
en Bahía (Brasil). El balas y el
bort son otros tipos de diamante
para usos industriales, que se
encuentran en Brasil y Sudáfrica.

En casi todos los estados de
EE.UU. se han encontrado
diamantes de aluvión; el diamante
americano más grande (con un
peso de 40,23 quilates) se
encontró en una mina, ahora
abandonada, de Murfreesboro
(Arkansas). Hasta hace poco, los
diamantes australianos eran
pequeños y amarillentos, pero en
la actualidad se están extrayendo
piedras blancas y de varios colores

Arriba. Varios diamantes en bruto rodeando a un espectacular brillante con talla rosa.

en Argyle, en el distrito de
Kimberley. Probablemente, el país
más famoso por sus diamantes es
Sudáfrica. Se encontró el primero
de ellos en 1866. En 1869 se
encontró la Estrella de Sudáfrica:
pesaba 83,5 quilates y se talló un
brillante en forma de pera que
pesa 47,74 quilates. Entre otros
países diamantíferos, están
Borneo, Botswana, China, Ghana,
Guinea, Guyana, Rusia, Tanzania,
Venezuela, Zaire y Zimbabwe.
    Los cristales de diamante se
forman como cubos, octaedros y
dodecaedros; la forma octoédrica
es la más usada para joyería. El
diamante tiene un brillo
adamantino y muchas «luces»
(dispersión), lo que hace de él la

piedra preciosa más apreciada.
    Casi todos los diamantes,
puestos bajo una luz ultravioleta,
tienen una fluorescencia blanco-
azulada, lo que sirve para
identificarlos. Los diamantes entre
incoloros y amarillos que tienen
una fluorescencia azul y la línea de
absorción más fuerte en la zona
violeta del espectro, pertenecen a
la especie de El Cabo. Otros
diamantes pueden tener un brillo
verde o amarillo bajo la luz
ultravioleta y tienen líneas de
absorción en otras zonas del
espectro.

Los diamantes más grandes del mundo

Diamantes en bruto más grandes del mundo

Número	Quilates (*)	Nombre	Fecha de su descubrimiento	Lugar	Tallado en
1	3.106	Cullinam	1905	Sudáfrica	Cullinan del I al IX y 96 más
2	995,20	Excelsior	1893	Sudáfrica	21 piedras (la mayor, de 69,80)
3	968,90	Estrella de Sierra Leona	1972	Sierra Leona	—
4	890	El Incomparable	1984	Zale Corp.	Incomparable y 14 más
5	770	Woyie River	1945	Sierra Leona	30 piedras (la mayor de 31,35)
6	755,50	Pardo sin nombre	1984	Sudáfrica	Pardo sin nombre
7	726,60	Vargas	1938	Brasil	Vargas (48,26) y 22 más
8	726	Jonker	1934	Sudáfrica	Jonker (125,65) y 11 más
9	650,25	Reitz	1895	Sudáfrica	Jubileo (245,35) y otro más
10	609,25	Baumgold	1923	Sudáfrica	14 Rough piedras (se desconocen los tamaños)

Los diamantes tallados (*) más grandes del mundo

Número	Quilates (*)	Nombre	Color	Forma	Último propietario o localización
1	545,67	Pardo sin nombre	pardo oscuro	rosa con luces	De Beers Consolidated Mines Ltd
2	530,20	Cullinan I	blanco	pera	Joyas de la Corona Británica: Torre de Londres.
3	407,48	Incomparable	amarillo pardusco	«triolette» brillante triple	Subastado en Nueva York en octubre 1988
4	317,40	Cullinan II	blanco	cojín (rectangular de caras planas)	Joyas de la Corona Británica: Torre de Londres
5	277	Nizam	blanco	cúpula	Nizam de Hyderabad: 1934
6	273,85	Centenario	blanco	corazón modificado	De Beers Consolidated Mines Ltd.
7	245,35	Jubilee (Jubileo)	blanco	cojín	Paul-Louis Weiller
8	234,50	De Beers	amarillo claro	cojín	Subastado en Ginebra, mayo 1982
9	205,07	Red Cross (Cruz Roja)	amarillo	brillante cuadrado	Subastado en Ginebra, noviembre 1973
10	202,00	Estrella Negra de África	negro	-	Expuesto en Tokio en 1971

(*) Un quilate equivale, aproximadamente, a 0,2 gramos. En cuanto a las tallas, las más comunes son la brillante, la rosa, la esmeralda y la ovalada, aunque entre los profesionales tienen una amplia clasificación: brillante sencilla, media, Amberes, clásica, brillante triple, doble o inglesa, americana o nueva, Amsterdam y rosa, entre otras. (N. del T.)

Platino (Pt) Grupo de metales y no-metales nativos

Dureza en la escala de Mohs: 4-4,5	Peso específico: 14-19	Cristaliza en el sistema: isométrico o cúbico

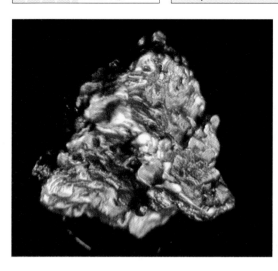

Características distintivas Maleable, magnetismo débil, soluble en agua regia y peso específico muy grande.
Color Gris metálico.
Brillo Metálico.
Veta Blanca/gris.
Transparencia Opaca.
Exfoliación Ninguna.
Fractura Áspera.
Tenacidad Maleable.
Formas Granos, pepitas, escamas, rara vez cristales.
Variedades Grupo de metales de platino.
Usos Catalizador químico.
Se encuentra En las roca ígneas básicas y ultrabásicas y, raramente, en aureolas de contacto. También en sedimentos tipo placer, por su gran densidad. Principalmente en Sudáfrica y, también, en Bielorrusia, Australia, Canadá y Alaska.

Mercurio (Hg) Grupo de metales y no-metales nativos

Dureza en la escala de Mohs: 0	Peso específico: 13,6	Cristaliza en el sistema: hexagonal, a –4,96°C

Características distintivas
Líquido a la temperatura ambiente, gran peso específico, soluble en ácido nítrico.
Color Metálico, rojo cuando se presenta en el cinabrio.
Brillo Metálico.
Veta Ninguna.
Transparencia Opaco.
Exfoliación No aplicable.
Fractura No aplicable.
Tenacidad No aplicable.
Formas Cristalina a –4,96 °C.
Variedades Ninguna.
Usos Explosivos, pilas, recuperación de oro o plata, termómetros.
Se encuentra En los respiraderos volcánicos; normalmente y con cinabrio, en Italia, España y Croacia.

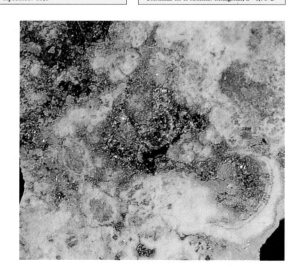

Grafito (C) Grupo de metales y no-metales nativos

Dureza en la escala de Mohs: 1-2	Peso específico: 2,09-2,23	Cristaliza en el sistema: trigonal

Características distintivas
Color negro plateado, con rayado negro lápiz. Muy blando, con tacto graso. Extremadamente sucio de manejar.
Color Negro acerado a gris.
Brillo Metálico, mate, terroso.
Veta Negra.
Transparencia Opaco.
Exfoliación Basal perfecta.
Fractura Cuando no se exfolia, rugosa.
Tenacidad No aplicable.
Formas Cristales tabulares de seis caras, masas laminares, masas de granulares a compactas.
Variedades Ninguna.
Usos Mina de los lápices, lubrificantes de grafito, pinturas, electrodos, crisoles para altas temperaturas.
Se encuentra En gneis, esquistos, piedras calizas y formaciones de cuarzo. En gneis de Siberia, granulitas de Sri Lanka, piedras calizas de Finlandia, México y EE.UU. (cuarcitas y gneis de Adirondack, piedra caliza de Rhode Island, Pensilvania, Montana y Nuevo México).

Azufre (S) Grupo de metales y no-metales nativos

Dureza en la escala de Mohs: 1,5-2,5	Peso específico: 2,05-2,09	Cristaliza en el sistema: rómbico

Características distintivas
Color amarillo, se funde y arde fácilmente con una llama azul, desprendiendo gases sofocantes de dióxido de azufre. Suele estar contaminado con arcilla.
Color De amarillo brillante a rojo o amarillo-gris.
Brillo Resinoso.
Veta Blanca.
Transparencia De transparente a translúcido.
Exfoliación A 001, 110, 111.
Fractura De concoidea a cortante.
Tenacidad Dúctil si se calienta.
Formas De piramidal a tabular.
Variedades Ninguna.
Usos Fabricación de ácido sulfúrico, pólvora, fuegos artificiales, insecticidas y fungicidas; vulcanizado de neumáticos, medicinas.
Se encuentra Casi siempre, en rocas sedimentarias jóvenes, muchas veces arcillosas, asociadas con alquitrán. Frecuentemente, como pequeños cristales alrededor de las fumarolas de los volcanes. En Sicilia (cristales grandes asociados con selenita y calcita), Indonesia y EE.UU. (principalmente en Luisiana y Texas, pero también en las fumarolas del Parque de Yellowstone, en la mina de mercurio de Sulfur Bank, en California, y en muchos otros estados americanos).

SULFUROS

Esfalerita, SZn Grupo sulfuros

Dureza en la escala de Mohs: 3,5-4	Peso específico: 3,9-4,1	Cristaliza en el sistema: cúbico

Características distintivas
El brillo resinoso y el color; suele estar asociada con galena, pirita, cuarzo, calcitas, baritas y fluoritas.
Color De pardo-amarillo apagado a negro; también de verdoso a blanco, pero casi incolora cuando es pura.
Brillo De resinoso a diamantino.
Veta De pardo pálido a amarillo pálido.
Transparencia De transparente a translúcida.
Exfoliación Perfecta a 110.

Izquierda. Esfalerita sobre galena.

Fractura Concoidea.
Tenacidad No aplicable.
Formas Dodecaédricas, de maciza a granular, a veces amorfa.
Variedades Ninguna.
Usos Principal mineral de zinc.
Se encuentra Puede darse en vetas en la mayoría de las rocas, donde está asociada con la galena, la pirita, el cuarzo y la calcita. En Rumania, Italia (Toscana), Suiza, España, Reino Unido, Suecia, México, Canadá y EE.UU. (Missouri, Colorado, Montana, Wisconsin, Idaho y Kansas).

Calcopirita, S_2CuFe Grupo sulfuros

Dureza en la escala de Mohs: 3,5-4	Peso específico: 4,1-4,3	Cristaliza en el sistema: cúbico

Características distintivas
Similar a la pirita, pero de color más denso y, con frecuencia, iridiscente. Normalmente maciza, frágil y soluble en ácido nítrico.
Color De latón dorado

empañado, a veces iridiscente.
Brillo Metálico.
Veta Negra verdosa.
Transparencia Opaca.
Exfoliación Escasa, variable a 201.
Fractura Desigual.
Tenacidad No procede.
Formas Normalmente maciza, a veces redondeada. En cristales es menos corriente que en piritas.
Variedades Ninguna.
Usos Principal mineral de cobre.
Se encuentra En vetas metalíferas en granitos, gneis y esquistos. Suele ir asociada a la bornita, la malaquita, la azurita y el cuarzo. En Alemania, Italia, Francia, Reino Unido, España, Suecia, Namibia, Australasia, Sudamérica y EE.UU. (estado de Nueva York, Pensilvania, Missouri y Colorado).

Cinabrio, SHg Grupo sulfuros

Dureza en la escala de Mohs: 2-2,5	Peso específico: 8-8,2	Cristaliza en el sistema: hexagonal

Características distintivas
El color y la veta, el gran peso específico y su blandura. Si se calienta en un tubo de ensayo, desprende glóbulos metálicos de mercurio que se adhieren a las paredes del tubo.
Color De rojo cochinilla a rojo pardusco.
Brillo De diamantino a apagado.
Veta Rojo escarlata.
Transparencia De transparente a opaco.
Exfoliación Prismática, perfecta a 1010.
Fractura De desigual a subconcoidea.
Tenacidad No aplicable.
Formas Normalmente, de romboidal a tabular. También granular o maciza.
Variedades Ninguna.
Usos Es el único mineral de

mercurio corriente y, por ello, el principal.
Se encuentra Se presenta con piritas y rejalgares, en fuentes termales y alrededor de fumarolas volcánicas. En España, Italia, Serbia, la República Checa, Baviera (buenos cristales), Rusia, China, Perú y EE.UU. (California, Nevada, Utah y Oregon).

Galena, SPb Grupo sulfuros

Dureza en la escala de Mohs: 2,5-2,75	Peso específico: 7,4-7,6	Cristaliza en el sistema: cúbico

Características distintivas
La forma cúbica, la veta, el color y el gran peso específico.
Color Gris plomo; frecuentemente, plateado.
Brillo Metálico y brillante.
Veta Gris plomo.
Transparencia Opaca.
Exfoliación Cúbica; perfecta a 100, 010 y 001.
Fractura De plana, en forma cúbica, a regular.
Tenacidad No aplicable.
Formas Principalmente en cubos y tabular; a veces, en cristales desnudos.

Variedades Ninguna.
Usos Principal mineral de plomo e importante mineral de plata.
Se encuentra Muy extendida en yacimientos y vetas derivadas de la acción hidrotérmica de fluidos minerales. Se encuentra en calizas, dolomitas, granitos y otras rocas cristalinas, donde suele estar asociada con la esfalerita, la pirita, la calcita y el cuarzo. En Francia, Austria, Reino Unido, Australia, Chile, Perú y EE.UU. (grandes depósitos en Missouri, Illinois e Iowa y, en cantidades menores, en otros muchos estados).

Molibdenita, sulfuro de molibdeno, S_2Mo Grupo, Sulfuros

Dureza en la escala de Mohs: 1-1,5	Peso específico: 4,7-4,8	Cristaliza en el sistema: hexagonal

Características distintivas
Blanda, flexible, plateada, en escamas delgadas, tiene un tacto untuoso. Al calentarla en un tubo de ensayo, desprende humos sulfurosos y un amarillo pálido.

Color Gris plomo plateado.
Brillo Metálico.
Veta De gris a gris verdosa.
Transparencia Opaca
Exfoliación Perfecta, basal en 000.
Fractura No aplicable.
Tenacidad Flexible, pero no elástica.
Formas Prismas tabulares, que suelen ser cortos y afilados; en forma laminar o maciza.
Variedades Ninguna.
Usos Mineral de molibdeno.
Se encuentra En pegmatitas graníticas y en venas de cuarzo, también en sienitas y en gneis. En el Reino Unido, Noruega, Namibia, Australia (Queensland) y en varios estados de EE.UU.

Oropimente, sulfuro de arsénico, S_3As_2 Grupo sulfuros

Dureza en la escala de Mohs: 1,5-2	Peso específico: 3-4-3,5	Cristaliza en el sistema: monoclínico

Características distintivas
Amarillo limón; suele teñirse con finas vetas de color naranja; tiene brillo y flexibilidad en láminas delgadas. Si se caliente en un tubo de ensayo cerrado, desprende un líquido rojo oscuro que se vuelve amarillo al enfriarse.
Nota: El trisulfuro de arsénico es venenoso.
Color De amarillo limón a amarillo medio.

Brillo De nacarado a resinoso.
Veta Ligeramente más pálida que su color.
Transparencia De subtransparente a translúcido.
Exfoliación Perfecta en 010 y estriada.
Fractura Áspera.
Tenacidad Se puede cortar.
Formas Macizo y láminar; pero es raro verlo en cristales pequeños.
Variedades Ninguna
Usos Para pigmentos y para quitar el pelo de las pieles de los animales.
Se encuentra Suele ir asociado con el rejalgar, un sulfuro de arsénico igualmente venenoso, de color rojo anaranjado. En la República Checa, Rumania, Japón y EE.UU. (Utah, Nevada y Parque de Yellowstone).

Pirita, S_2Fe Grupo sulfuros

Dureza en la escala de Mohs: 6-6,5	Peso específico: 4,95-4,97	Cristaliza en el sistema: cúbico

Características distintivas
Cristales cúbicos y piritoédricos, de color amarillo latón y brillo de lustroso a metálico, con una veta negra verdosa.
Color Amarillo latón pálido.
Brillo De metálico a lustroso.
Veta De negra verdosa a parda negruzca.
Transparencia Opaca.
Exfoliación Escasa en 100 y 111.
Fractura Normalmente, desigual; a veces, concoidea.
Tenacidad No aplicable.
Formas Cubos y piritoedros. Son formas frecuentes: las masas compactas granudas, radiantes, granulares, globulares y en estalactitas.
Variedades Ninguna.
Usos Como mineral de oro y cobre, que contiene en pequeñas cantidades. También para producir azufre, ácido sulfúrico y sulfato de hierro.
Se encuentra En todo el mundo: es el sulfuro más abundante. En la República Checa, Suiza, Italia, España, Reino Unido y en varios estados de EE.UU.

Estibina o antimonita, S_3Sb_2 Grupo sulfuros

Dureza en la escala de Mohs: 2	Peso específico: 4,56-4,62	Cristaliza en el sistema: rómbico

Características distintivas
El color, la blandura y la veta. También, cuando se caliente en un tubo desprende dióxido de azufre y humos de óxido de antimonio; este último se condensa en forma de polvo blanco.
Color De gris acero a gris apagado; a veces, con un brillo negro apagado iridiscente.
Brillo Metálico; muy brillante en las caras de cristales recientes.
Veta Igual que el color.
Transparencia Opaca.
Exfoliación Perfecta en 010, menor en 001.
Fractura Subconcoidea en pequeña escala.
Tenacidad Se puede cortar.
Formas En masas de cristales alargados radiantes. También maciza y granular.
Variedades Metaestibina, que es un yacimiento rojizo y terroso que se encuentra en Steamboat Springs (Nevada).
Usos Principal mineral de antimonio.
Se encuentra En venas de cuarzo y graníticas, pero también en esquistos y calizas. En Italia, Alemania, Rumania, Argelia, China, Borneo, México, Perú y EE.UU. (California y Nevada).

Arsenopirita o mispiquel, FeAsS a FeS$_2$.FeAs$_2$ Grupo sulfuros

Dureza en la escala de Mohs: 5,5-6	Peso específico: 5,9-6,2	Cristaliza en el sistema: rómbico

Características distintivas
El color y la veta. También, cuando se calienta en un tubo de ensayo abierto, desprende humos sulfurosos y produce un sublimado blanco de trióxido de arsénico.
Color De blanco plateado-estaño a gris hierro.
Brillo Metálico.
Veta De negra a gris oscura.
Transparencia Opaca.
Exfoliación Buena a 110.
Fractura Desigual.
Tenacidad Frágil.
Formas Cristales prismáticos, con frecuencia aplastados. Granular.

Variedades Ninguna.
Usos Mena principal del arsénico.
Se encuentra Asociada con venas mineralizadas de casiterita, wolframita, esfalerita y galena, en rocas graníticas y asociadas. También en calizas y dolomitas y, con frecuencia, asociada con oro. Austria, Alemania, Suiza, Suecia, Reino Unido, Bolivia, Canadá y EE.UU. (New Hampshire, Connecticut, Montana y Colorado).

Proustita, 3Ag$_2$S.As$_2$S$_3$ Grupo sulfuros

Dureza en la escala de Mohs: 2-2,5	Peso específico: 5,57-5,64	Cristaliza en el sistema: hexagonal

Características distintivas
El color y la veta y, cuando se calienta en un tubo de ensayo cerrado, se funde emitiendo humos sulfurosos y dejando un sublimado blanco de trióxido de arsénico.
Color De rojo oscuro a bermellón.
Brillo Diamantino.
Veta Del mismo color.
Transparencia De transparente a translúcida.

Exfoliación Neta rómbica: buena a 1011.
Fractura Desigual y, a veces, concoidea.
Tenacidad Frágil.
Formas Ninguna.
Usos Colecciones de minerales.
Se encuentra En vetas hidrotérmicas de plata y asociada con galena y esfalerita. En Francia, Alemania, República Checa, Chile, México y EE.UU. (aunque muy raramente).

Argentita, SAg₂ Grupo sulfuros

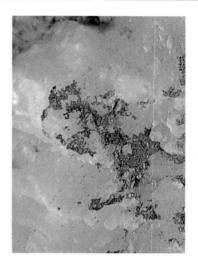

| Dureza en la escala de Mohs: 2-2,5 | Peso específico: 7,3 | Cristaliza en el sistema: cúbico |

Características distintivas
Fácilmente fusible; con frecuencia se presenta con la galena.
Color Verde gris.
Brillo Metálico.
Veta Gris oscura.
Transparencia Opaca.
Exfoliación Imperfecta.
Fractura Concoidea; se puede cortar.
Tenacidad Dúctil, maleable.
Formas En cristales ramificados.
Variedades Se la conoce también como plata sulfurosa y argirodita.
Usos Importante mineral de plata.
Se encuentra Se da en venas de origen hidrotérmico. Se encuentra en cristales en Noruega, República Checa, Bolivia y en México y Australia, Canadá, Chile, Perú y EE.UU. como yacimiento mineral.

Calcosina, SCu₂ Grupo sulfuros

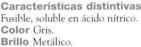

| Dureza en la escala de Mohs: 2,5-3 | Peso específico: 5,5-5,8 | Cristaliza en el sistema: rómbico |

Características distintivas
Fusible, soluble en ácido nítrico.
Color Gris.
Brillo Metálico.
Veta Gris.
Transparencia Opaca.
Exfoliación Poco característica.
Fractura Concoidea, desigual.
Tenacidad Maleable.
Formas Granular, en agregados color gris apagado; raramente en cristales.
Variedades Conocida también como redruthita, llamada así por Redruth, Cornualles (Inglaterra).
Usos Mineral de cobre.
Se encuentra En regiones de minerales primarios de cobre. Se han encontrado en cristales en Reino Unido, España, Sudáfrica, Chile, México y EE.UU.

Pirrotina o pirrotita, SFe Grupo sulfuros

Dureza en la escala de Mohs: 3,5- 4,5	Peso específico: 4-6	Cristaliza en el sistema: hexagonal

Características distintivas
Magnética; despide humos de hidrógeno sulfuroso cuando se disuelve en ácido clorhídrico.

Color De amarillo broncíneo a rojo-bronce.
Brillo Metálico.
Veta Gris oscura.

Transparencia Opaca.
Exfoliación Ninguna.
Fractura Concoidea, desigual.
Tenacidad Frágil.
Formas Cristales tabulares o planos, que pueden presentarse en masas o granulares.
Variedades Asociadas con cobre, hierro y azufre.
Usos No tiene utilidad por sí misma. Puede ser mineral de cobalto, níquel y platino.
Se encuentra Bastante común en rocas extrusivas máficas y ultramáficas; pero se da también en rocas pegmatíticas, vetas hidrotérmicas de altas temperaturas y como yacimiento sedimentario. Yacimientos importantes en Canadá. Se han encontrado cristales de calidad en Brasil, México y EE.UU.

BORATOS

Cingalita, MgA(BO$_4$) Grupo boratos

Dureza en la escala de Mohs: 6,5	Peso específico: 3,48	Cristaliza en el sistema: rómbico

Características distintivas
Hasta 1952 se pensaba que era peridoto; pero entonces se identificó como un mineral nuevo. Neto pleocroísmo.
Color De amarillo a verde pardusco.
Brillo Vítreo.
Veta Amarilla.
Transparencia Transparente.
Exfoliación Ninguna.
Fractura Concoidea.
Tenacidad Frágil.
Formas Granos y cristales.
Variedades Ninguna.
Usos En joyería.
Se encuentra En gravillas gemíferas en Sri Lanka. Escaso, en Myanmar y Tanzania.

ÓXIDOS

Corindón, O_3Al_2 Grupo óxidos

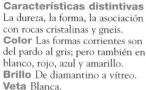

Dureza en la escala de Mohs: 9	Peso específico: 3,95-4,1	Cristaliza en el sistema: hexagonal

Características distintivas
La dureza, la forma, la asociación con rocas cristalinas y gneis.
Color Las formas corrientes son del pardo al gris; pero también en blanco, rojo, azul y amarillo.
Brillo De diamantino a vítreo.
Veta Blanca.
Transparencia De transparente a translúcido.
Exfoliación Ninguna.
Fractura De concoidea a desigual.
Tenacidad Frágil.
Formas Cristales de hábito bipiramidal muy afilados, tabular, prismática, romboédrica; también en forma maciza o granular.
Variedades Zafiro (azul), rubí (rojo), topacio oriental (amarillo) y amatista oriental (púrpura), variedades apagadas u opacas del mineral; esmeril (forma granular, con magnetita e ilmenita).
Usos Cuando es transparente, en joyería; como abrasivo y polvos para pulimentar.
Se encuentra En rocas cristalinas, esquistos y gneis. En Suiza, Grecia, Rusia (Urales), Sudáfrica, Madagascar, India, Myanmar, Camboya, Japón, Canadá (Ontario) y EE.UU. (estados de Nueva York, Nueva Jersey, Pensilvania, Carolina del Norte, Georgia y Montana).

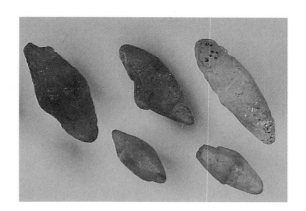

Rubí, O₃Al₂ Grupo óxidos

$Rubí, O_3Al_2$ Grupo óxidos

Dureza en la escala de Mohs: 9,0	Peso específico: 4,0	Cristaliza en el sistema: trigonal

Los rubíes son una forma del corindón. El corindón puro es incoloro y el color de la gema se debe a la presencia de pequeñas cantidades de impurezas químicas. Unas pequeñas partículas de cromo son el origen del color rojo vivo del rubí, cuyo nombre se deriva de la palabra latina *ruber* (rojo). Si hay algún matiz marrón en la piedra, se debe a la presencia de impurezas de hierro.

El rubí cristaliza en el sistema trigonal, pero las formas varían según la variedad y el lugar de procedencia; por ejemplo, los rubíes birmanos se suelen encontrar en formas prismáticas tabulares hexagonales, rematadas por los dos extremos. El rubí tiene una fractura desigual o concoidea. No tiene verdadera exfoliación, pero puede tener una línea débil o de partición. El brillo es vítreo. El espectro de absorción se caracteriza por líneas finas en el color rojo, líneas que cubren la mayor parte del amarillo, la mayor parte del verde y del violeta del espectro. Cuando se observan los rubíes a través de «filtros cruzados», el cromo produce una luminiscencia que puede verse como un destello rojo.

Los rubíes de mayor calidad proceden de la zona de Mogok (Myanmar). Hay testimonios escritos de que las extracciones de las minas de rubíes se remontan a 1597. Las gemas se recogen también en las gravillas fluviales. Al color de las mejores piedras birmanas se le llama «sangre de pichón». Tailandia da la mayor parte de los rubíes del mundo, pero son de un rojo pardusco y de color más oscuro que los rubíes birmanos. Los rubíes de Tanzania se caracterizan por encontrarse en

cristales prismáticos cortos en una piedra verde brillante. En el valle de Hunza (Pakistán) se han encontrado rubíes en esquistos de mica de más de 5 cm de longitud. También se han encontrado pequeñas cantidades en Afganistán, Australia, Brasil, Camboya, India, Malawi y EE.UU.

Los rubíes se tallan en facetas o en cabujón. Las piedras pueden tener inclusiones de rutilo. Éstas se presentan como pequeñas formas aciculares metidas dentro del cristal en líneas paralelas a los

bordes del cristal. Pueden verse como un brillo conocido como «seda» o, si están cortadas en cabujón, se ven como una estrella de seis puntas.

Los rubíes sintéticos se hicieron por primera vez hacia finales del siglo XIX, usando el método de la fusión por llama. Se convirtieron enseguida en las primeras en manufacturarse en cantidades comerciales. Los rubíes sintéticos han sustituido a los rubíes auténticos que se usaban en la maquinaria de relojes e instrumentos de precisión.

Zafiro, O₃Al₂ Grupo óxidos

$$O_3Al_2$$

Dureza en la escala de Mohs: 9,0	Peso específico: 4,0	Cristaliza en el sistema: trigonal

El nombre del zafiro se le da al corindón de cualquier color (menos al rojo, al que se le llama rubí). Aunque se cree que los zafiros son azules y el nombre se deriva del griego *sapphirus* (azul), pueden ser de color negro, púrpura, violeta, azul oscuro, azul vivo, azul claro, verde, amarillo y naranja. Los de color azul se deben a rastros de titanio y de hierro y las tonalidades de los rojos se deben al cromo.

Como los rubíes, los zafiros cristalizan en el sistema trigonal y la forma que toman los cristales depende de la variedad y del lugar de procedencia. Por ejemplo, los de Sri Lanka se encuentran en forma de pirámides dobles. Los zafiros tienen fracturas desigual y concoidea, pero no tienen una verdadera exfoliación. Tienen un brillo vítreo.

Los zafiros birmanos son de excelente calidad. Las piedras se encuentran en arena gruesa amarilla y, a veces, tienen inclusiones peniformes negras. Los zafiros de color azul aciano de Cachemira se dan en las rocas pegmatíticas y en los valles fluviales como cantos rodados. Los colores de los zafiros de Sri Lanka son pálidos, en azul, violeta, amarillo, blanco, verde y rosa, y a los raros zafiros en rosa anaranjado se les llama *padparadscha* (color de loto). Se encuentra corindón azul, verde y amarillo en Queensland (Australia). Los zafiros australianos suelen ser de color azul más oscuro y algo entintados, pero hay una bonita variedad amarillo verdosa. Entre otros lugares de procedencia, figuran Brasil, Camboya, Kenya, Malawi, Tanzania, Tailandia y Zimbabwe.

El zafiro suele ser coloreado (una parte es azul y el resto, incoloro). El tallista coloca la parte clara en la delantera de la piedra y la parte azul hacia la parte trasera, para que, al verla de frente, se vea azul. Las piedras se suelen tallar en facetas como gemas de corte mixto y las estrelladas se tallan en cabujón.

El corindón se imita con la espinela, el granate y el cristal. Un doblete con granate, con una base de cristal azul y un granate encima, puede imitar el zafiro. La mayor parte de los cristales azules y de los dobletes azules se ven de un fuerte color rojo a través del filtro de color de Chelsea y se pueden distinguir de los zafiros auténticos en que éstos no se ven rojos. Para imitar el corindón estrella se puede usar un cabujón de cuarzo con elementos de color reflectantes puestos sobre la base.

Crisoberilo, O₄BeAl₂ Grupo óxidos

$Crisoberilo, O_4BeAl_2$ Grupo óxidos

Dureza en la escala de Mohs: 8,5	Peso específico: 3,68-3,78	Cristaliza en el sistema: rómbico

Características distintivas
Débil pleocroísmo.
Color Amarillo verdoso.
Brillo Diamantino.
Veta Blanca.
Transparencia De transparente a opaca.
Exfoliación Buena.
Fractura Ligeramente concoidea.
Tenacidad Frágil
Formas Cristales prismáticos y triples.
Variedades Alejandrina y ojo de gato.
Usos Joyería.
Se encuentra Las mejores alexandritas o alejandrinas se encuentran en micas esquistosas en los montes Urales de Rusia. El crisoberilo ruso tiene inclusiones bifásicas (una burbuja dentro de una cavidad rellena de líquido) y peniformes. Los cristales más grandes de crisoberilo se encuentran como cantos rodados en las gravillas gemíferas de Sri Lanka, pero normalmente no son de tan buena calidad como los procedentes de Rusia. También los hay, en Myanmar, Brasil, Zimbabwe, Madagascar, Zambia y Tanzania.

Para tallar el crisoberilo suele usarse la talla mixta (coronde brillante y culata de trapecio). Si se quiere hacer ver el efecto ojo de gato, se debe tallar en cabujón. El ojo de gato de crisoberilo no debe confundirse con el ojo de gato de cuarzo; es amarillo verdoso o amarillo, y suele tener un frío tono grisáceo. Tienen un destello móvil verde, a cuyo color deben su nombre. La alexandrita se imita con crisoberilo sintético, corindón sintético y espinela sintética, y su color cambia.

Espinela, O$_4$MgAl$_2$ Grupo óxidos

Dureza en la Escala de Mohs: 8,0	Peso específico: 3,6-3,7	Cristaliza en el sistema: cúbico

Características distintivas
Las espinelas se encuentran en una serie de colores diferentes, como rojo, azul, violeta, púrpura y malva. Las espinelas verde oscuro y marrones, ricas en hierro, suelen ser demasiado oscuras para usarlas en joyería. También se encuentran a veces piedras de estrella. A las espinelas ricas en hierro se las llama *ceylonitas* o ceilanitas y a las espinelas ricas en zinc, *gahnoespinelas*. El nombre de espinela se deriva, del latín *spina*, (espina). A la espinela roja se la conoce como «rubí Balas», que es el nombre de una localidad de la India donde se cree que se descubrieron estas piedras. Tanto el valiosísimo «Rubí del Príncipe Negro» (sin tallar), que está engastado en la parte delantera de la corona del imperio británico, como el «Rubí Timur» (labrado), son joyas propiedad de la Corona británica y ambas son espinelas.
Color Varios.
Brillo Vítreo.
Veta Blanca.
Transparencia De transparente a opaca.
Exfoliación Ninguna.
Fractura Concoidea, desigual.
Tenacidad Frágil.
Formas Cúbica, octaédrica.
Variedades La espinela es un nombre genérico que abarca a todo un grupo de minerales interrelacionados, de los que sólo unos pocos tienen calidad de gema. La ceilanita y el pleonasto son negros.
Usos En joyería.
Se encuentra La espinela normalmente se encuentra asociada con el corindón, normalmente en depósitos de aluvión, como los de Myanmar y Sri Lanka. Entre otros lugares de

procedencia, están: Suecia, Afganistán, Tailandia, Australia, Brasil y EE.UU.

Las espinelas se tallan en estilo mixto o en trapecio, aunque antiguamente los cristales octaédricos a veces se engastaban en la joyería sin facetar. Las piedras de estrella, cuando se tallan en cabujón, dejan ver una estrella de cuatro puntas.

La espinela se fabrica sintéticamente. Se colorea para imitar otras gemas como el agua marina y el circonio.

Taafeíta, $O_{16}Mg_3Al_8Be$ Grupo óxidos

Dureza en la escala de Mohs: 8,0	Peso específico: 3,62	Cristaliza en el sistema: hexagonal

Características distintivas
Extremadamente raro, fue descubierto por el conde Taafe en forma de piedra tallada en Dublín. Se han encontrado muy pocas.
Color Violeta, incolora, rosa pálido.
Brillo Vítreo.
Veta Blanca.
Transparencia Transparente.
Exfoliación Ninguna.
Fractura Concoidea.
Tenacidad Frágil.
Formas Granos de aluvión.
Variedades Ninguna.
Usos En joyería.
Se encuentra Hay especímenes en Rusia, Sri Lanka y China.

Axinita, borosilicato de aluminio y calcio, $Ca_2(Fe_{+2},Mn_{+2})Al_2Bsi_4O_{15}(OH)$ Grupo óxidos

Dureza en la escala de Mohs: 6,5-7	Peso específico: 3,36-3,66	Cristaliza en el sistema: triclínico

Características distintivas
Cristales con los bordes afilados como los de un hacha (de ahí su nombre), con fuerte pleocroísmo, piroeléctricos y piezoeléctricos.
Color Pardo rojizo, amarillo, incoloro, azul, violeta o gris.
Brillo Vítreo.
Veta Blanca.
Transparencia De transparente a translúcida.
Exfoliación Buena.
Fractura Concoidea.
Tenacidad Frágil.
Formas Cristales tabulares.
Variedades Ninguna.
Usos En joyería.
Se encuentra Rocas calcáreas alteradas por metamorfismo de contacto. En Francia, México, Japón y EE.UU.

Rutilo, O₂Ti Grupo óxidos

Dureza en la escala de Mohs: 6-6,5	Peso específico: 4,18-4,25	Cristaliza en el sistema: tetragonal

Características distintivas Cristales de cuarzo aciculares de brillo metálico, de color cobre a pardo rojizo o más oscuros; en masas compactas en rocas cristalinas de ácidas a intermedias. A veces, en calizas, donde han sido depositadas por fluidos minerales. Las variedades transparentes tienen brillo diamantino, pero muchos especímenes son opacos. Da una veta color pardo pálido.
Color De cobre a pardo rojizo.
Brillo De metálico a diamantino.
Veta Parda pálida.
Transparencia De transparente a opaca.
Exfoliación Neta a 110 y 100.
Fractura De subconcoidea a desigual.
Tenacidad Frágil.

Formas Suelen encontrarse como cristales aciculares prismáticos en el cuarzo. A veces, de compacto a macizo.
Variedades El rutilo corriente es de rojo pardusco a negro; el rutilo rico en hierro es negro, mientras que el rico en cromo es verde.
Usos Mineral de titanio y para la manufactura de objetos donde la fortaleza es de gran importancia.
Se encuentra En rocas cristalinas de ácidas a intermedias. En Austria, Suiza, Francia, Noruega, Australia, Brasil y EE.UU. (Vermont, Massachusetts, Connecticut, Nueva York, Virginia, Georgia, Carolina del Norte y Arkansas).

Casiterita O₂Ti Grupo óxidos

Dureza en la escala de Mohs: 6-7	Peso específico: 6,4-7,1	Cristaliza en el sistema: tetragonal

Características distintivas La dureza, el color, la forma y el peso específico.
Color De pardo a negro.
Brillo Bléndeo.
Veta De blanca a parda.
Transparencia De casi transparente a opaca.
Exfoliación Escasa a 100.
Fractura De subconcoidea a áspera.
Tenacidad Frágil.
Formas Pirámides y prismas rechonchos.
Variedades La piedra de estaño, que es cristalina y maciza; el estaño leñoso, que es botrioidal y reniforme con estructura fibrosa; el ojo de sapo, que es como el estaño leñoso, pero en menor

escala, y el estaño de río, que es casiterita en forma de arena, mezclada con otros minerales y granos de piedra.
Usos Principal mineral de estaño.
Se encuentra Principalmente en rocas graníticas y pegmatitas asociadas. Suele estar asociada con fluorita, apatito, topacio y wolframita, depositados por fluidos minerales. En Inglaterra, Europa del Este, Congo, Malaysia, Indonesia, Bolivia, México y EE.UU. (California, Carolina del Sur, Dakota del Sur, New Hampshire, Maine, Nuevo México y Texas).

Cromita, O_4FeCr_2 a $O_3FeO.Cr_2$ Grupo óxidos

Dureza en la escala de Mohs: 5,5	Peso específico: 4,1-4,9	Cristaliza en el sistema: cúbico

Características distintivas
La veta; ligeramente magnético.
Color Negro.
Brillo Semimetálico.
Veta Parda.
Transparencia Opaca.
Exfoliación Ninguna.
Fractura De desigual a rugosa.
Tenacidad Frágil.
Formas Octaédrica. De maciza a granular.
Variedades Ninguna.

Usos Como mineral de cromo; para endurecer el acero, para cromados y como pigmento del cromo.
Se encuentra En peridotitas y serpentinas y frecuentemente asociada con la magnetita. En Rusia (los Urales), Francia, Reino Unido, Sudáfrica, Irán, Canadá (Terranova) y EE.UU. (Nueva Jersey, Pensilvania, Carolina de Norte y California).

Pirolusita, óxido de manganeso, O_2Mn Grupo óxidos

Dureza en la escala de Mohs: 2-2,5	Peso específico: 4,73-4,86	Cristaliza en el sistema: rómbico

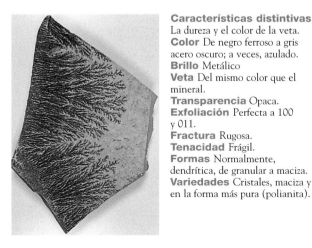

Características distintivas
La dureza y el color de la veta.
Color De negro ferroso a gris acero oscuro; a veces, azulado.
Brillo Metálico
Veta Del mismo color que el mineral.
Transparencia Opaca.
Exfoliación Perfecta a 100 y 011.
Fractura Rugosa.
Tenacidad Frágil.
Formas Normalmente, dendrítica, de granular a maciza.
Variedades Cristales, maciza y en la forma más pura (polianita).

Usos Mineral de manganeso; para colorear cristal; en la preparación de clorita, bromita y oxígeno.
Se encuentra Concentrada como yacimiento de mineral secundario depositado por la circulación de fluidos, con frecuencia en arcillas y piedras de aluvión. En Alemania, Rusia (los Urales), India, Cuba, Brasil, y EE.UU. (Arkansas, Georgia, Virginia, Minnesota yTennessee).

Vesubianita, Ca$_{10}$(Mg,Fe)$_2$Al$_4$[(OH)$_4$/(SiO$_4$)$_5$/(Si$_2$O$_7$)$_2$] Grupo óxidos

Dureza en la escala de Mohs: 6,5	Peso específico: 3,27-3,45	Cristaliza en el sistema: rómbico

Características distintivas
Conocida también como idocrasa.
Débil pleocroísmo, insoluble en
ácido.
Color Verde oliva, pardo-
amarillento, azul.
Brillo De vítreo a graso.
Veta Blanca.
Transparencia Translúcida.
Exfoliación Poco definida.
Fractura Desigual.
Tenacidad Frágil.
Formas Prismática, columnar,
maciza.
Variedades Californita, ciprina,
wilnita, xantina.
Usos Joyería.
Se encuentra Se forma en
calizas impuras alteradas por
metamorfismo de contacto. Se
encontró por primera vez en el

Vesubio, en Italia. Existe en Suiza,
Rusia, Kenya, Sri Lanka, Pakistán,
Brasil, México y EE.UU.

Magnetita, Fe´´Fe´´´$_2$O$_4$ a FeO.Fe$_2$O$_3$ Grupo óxidos

Dureza en la escala de Mohs: 5,5-6,5	Peso específico: 5,17- 5,18	Cristaliza en el sistema: cúbico

Características distintivas
Pesada y magnética,
frecuentemente con polos norte y
sur.
Color Negro.
Brillo Metálico.
Veta Negra.
Transparencia Opaca.
Exfoliación Poco definida.
Fractura Desigual.
Tenacidad Frágil.
Formas Octaédrica; de maciza a
granular fina.
Variedades Piedra imán, que es
fuertemente magnética y tiene
polos norte y sur.
Usos Mineral de hierro.
Se encuentra En la mayor
parte de las rocas eruptivas,
especialmente en las de
composición basáltica, en arenas

negras de playa, en serpentinas y
en rocas metamórficas. En Suecia
y Noruega (los mayores

yacimientos del mundo), Siberia,
Australia, Cuba, Brasil, Canadá y
EE.UU.

Oligisto o hematites roja, O_3Fe_2 Grupo óxidos

Dureza en la escala de Mohs: 5,5-6,5	Peso específico: 4,9-5,3	Cristaliza en el sistema: rómbico

Características distintivas
Veta, color, forma y densidad.
Color De gris metálico a rojo terroso.
Brillo De metálico a muy brillante.
Veta De rojo vivo a rojo indio.
Transparencia Opaca.
Exfoliación Ninguna.
Fractura De desigual a subconcoidea.
Tenacidad Frágil, pero elástica en láminas delgadas.
Formas Cristales tabulares a gruesos.
Variedades La especularita, que tiene unos cristales tabulares muy brillantes, a menudo en masas brillantes; el mineral de grafito, que es una forma fibrosa compacta que suele usarse en joyería; el mineral de riñón, que tiene masas botrioidales reniformes; la piedra arciloasa ferrosa, que se presenta en masas compactas de un pardo rojizo intenso, frecuentemente en rocas sedimentarias.
Usos Principal mineral de hierro.
Se encuentra Ubicuo, tanto en formaciones como en lugares de procedencia. En Rusia (Urales), Rumania, Austria, Alemania, Suiza, Francia, Italia, Reino Unido, isla Ascensión, Brasil, Canadá (Nueva Escocia, Terranova) y EE.UU. (estados de Michigan, Winconsin, Minnesota, Wyoming, Nueva York y Colorado).

Uraninita, pechblenda o pecblenda, O_2U Grupo óxidos

Dureza en la escala de Mohs: 5-6	Peso específico: 7,5-10	Cristaliza en el sistema: cúbico

Color Negro, pardusco.
Brillo Semimetálico, graso.
Veta Negra, pardusca.
Transparencia Opaca.
Exfoliación Poco definida.
Fractura De concoidea a desigual.
Tenacidad Frágil.
Formas Poco corriente en cristales; normalmente maciza o en forma reniforme o granular.
Variedades La forma maciza conocida por pechblenda.
Usos Principal fuente de uranio y de radio.
Se encuentra En algunas rocas ígneas y en rocas estratificadas sedimentarias, como los conglomerados y areniscas. En Francia, Namibia, Sudáfrica, Australia, Canadá y EE.UU.

Características distintivas
Se conoce también como pechblenda. Los Curie fueron los primeros en identificar el polonio, el redio y el helio a partir de una muestra de pechblenda. Radiactiva, infusible, se disuelve lentamente en ácido nítrico.

HIDRÓXIDOS

Bauxita, 2H$_2$O.Al$_2$O$_3$ Grupo hidróxidos

Dureza en la escala de Mohs: no aplicable	Peso específico: 2,5	Cristaliza en el sistema: amorfo

Características distintivas
Maciza, del rojo al amarillo rojizo; terrosa y amorfa.
Color Tonalidades del rojo al amarillo; a veces, blanca.
Brillo Terroso.
Veta Rojiza.
Transparencia Opaca.
Exfoliación Ninguna.
Fractura Terrosa.
Tenacidad No aplicable.
Formas La mayor parte en masas rojizas y terrosas; pero, a veces, se presenta en granos finos.
Variedades Concreciones de granos, arcilla o en masas terrosas.
Usos Principalmente como mineral de aluminio y en la industria de la cerámica.

Se encuentra Formada en rocas erosionadas de aluminio, en condiciones tropicales y depositadas como un coloide. En Francia, Alemania, Rumania, Italia, Venezuela y EE.UU.

Limonita, gel de hierro, 3H$_2$O.2Fe$_2$O$_3$ Grupo hidróxidos

Dureza en la escala de Mohs: 5-5,5	Peso específico: 3,5-4	Cristaliza en el sistema: amorfo

Características distintivas
Amarillo ocre, terroso, amorfo.
Color De amarillo ocre oscuro a pardo y negro.
Brillo Terroso, apagado.
Veta Amarillo ocre.
Transparencia Opaca.
Exfoliación Ninguna.
Fractura Terrosa.
Tenacidad No aplicable.
Formas De compacta a estalactítica y en masas terrosas botrioidales color ocre.
Variedades La limonita o hierro pantanoso, que se forma en ciénagas donde petrifican las plantas; la piedra arcillosa ferrosa, que tiene concreciones y nódulos.
Usos Pigmentos y como mineral de hierro.
Se encuentra Depósitos casi superficiales por erosión de minerales ricos en hierro. En todo el mundo; pero especialmente en Canadá y EE.UU.

BORATOS

Los boratos se forman cuando se combinan elementos metálicos con el radical borato $(BO^3)^{-3}$. Además del bórax (véase a continuación), en el grupo se incluyen la colemanita, la kernita o rosarita y la ulexita.

Bórax, $O_5Na_2B_4(OH)_4 \cdot 8H_2O$ Grupo boratos

Dureza en la escala de Mohs: 2-2,5	Peso específico: 1,7-1,74	Cristaliza en el sistema: monoclínico

Características distintivas Es una evaporita muy parecida a las sales haloideas. Tiene un sabor agridulce; da una llama amarilla y, al secarse, se vuelve blanca.
Color Gris, verdoso y azul.
Brillo Sedoso.
Veta Blanca.
Transparencia De transparente a opaco.

Exfoliación Perfecta.
Fractura Concoidea.
Tenacidad Se puede cortar.
Formas Prismáticas.
Usos Como agente limpiador; en la manufactura del cristal a altas temperaturas y como fundente de soldaduras y aleaciones. Se usa también como fuente de boro, que tiene la propiedad de absorber

neutrones y se utiliza en las barras de control empleadas en los reactores nucleares.
Se encuentra Antiguamente, el bórax se recogía en los lagos salinos del Tíbet. Hoy, los principales yacimientos están en los EE.UU., en el Valle de la Muerte, California, con depósitos menores en Turquía y Argentina.

SALES HALOIDEAS

Normalmente blandas, con una estructura pronunciadamente cristalina, las sales haloideas deben tratarse con cuidado porque también son evaporitas delicuescentes si se exponen al agua o incluso a aire húmedo. Son compuestos de metales y halógenos (los elementos clorina, fluorita, bromita y yodina). Como se disuelven tan fácilmente, a veces pueden distinguirse por el sabor; por ejemplo, la halita (sal gema) tiene un gusto salado y la silvita, menos corriente, amargo. También se suelen encontrar asociados con las sales haloideas otros minerales evaporitas como el yeso, la dolomita y la anhidrita.

Sal gema (halita), ClNa Grupo sales haloideas

Dureza en la escala de Mohs: 2,5	Peso específico: 2,1-2,6	Cristaliza en el sistema: isométrico

Características distintivas El sabor, la solubilidad, la exfoliación.
Nota: Los especímenes absorberán el agua de la atmósfera y se licuarán lentamente si no están guardados en recipientes sellados.
Color Incoloro, de blanco a pardo amarillento o tonalidades de azul grisáceo.
Brillo Vítreo.
Veta Igual que su color.

Transparencia De transparente a translúcida.
Exfoliación Cúbica; perfecta en 100.
Fractura Concoidea.
Tenacidad Frágil.
Formas Cubos, frecuentemente con caras del cristal sumidas. Maciza, compacta y granular.
Variedades Ninguna.
Usos Principal fuente de la sal.

común; pero también se usa para la preparación de compuestos sódicos, cristal y jabón.
Se encuentra En todo el mundo como principal elemento del agua de mar. Normalmente, estratificada hasta 30 metros de grosor en rocas sedimentarias. La sal, a presión, puede fluir hacia arriba formando grandes bóvedas de sal en la superficie. Se encuentra en el sudeste de Rusia, Polonia, Austria, Alemania, Suiza, Francia, Reino Unido, Irán, India, Perú, Colombia, Canadá y EE.UU.

Fluorita, FCa Grupo sales haloideas (halitas)

Dureza en la escala de Mohs: 4	Peso específico: 3,01-3,25	Cristaliza en el sistema: cúbico

Características distintivas
Excelente forma cúbica,
exfoliación y, a veces, rayada. Los
cristales pueden estar recubiertos
con otros minerales, entre ellos el
cuarzo y la pirita. El nombre de
fluorita se deriva de que es
fluorescente a la luz ultravioleta
(véase página de enfrente).
Color Muy variable. La forma
pura es incolora, pero también se
presenta en todas las tonalidades
del azul, amarillo y verde, así como
también en pardo, violeta y rosa.
Los colores suelen presentar rayas.
Brillo Vítreo.
Veta Blanca.
Transparencia De
transparente a subtransparente.
Exfoliación Perfecta,
octaédrica.
Fractura De concoidea a plana.
Tenacidad Frágil.
Formas En cubos, que suelen
tener los bordes biselados, y
granular; maciza y en formas
compactas, que suelen presentar
un rayado excelente.
Variedades Blue John (véase
debajo).
Usos Como fluido en la industria
del acero; para esmaltes, cristal
opalino y fabricación de ácido
fluorhídrico; en ornamentos y,
raramente, tallada en facetas para
coleccionistas.
Se encuentra La fluorita se
presenta en venas minerales
asociadas con la galena, la esfalerita,
la calcita y el cuarzo, especialmente
en rocas calizas. También se
encuentra en las graníticas, en
forma de cristales diminutos. La
fluorita de cada mina tiene su color
característico. Se encuentra en el
Reino Unido, Francia, Italia,
Alemania, Austria, Suiza, Noruega,
Polonia, la República Checa,
Canadá y EE.UU.

Variedades

Blue John

producidos son mucho menos vistosos.

La variedad de fluorita llamada Blue John es de franjas curvas de color azul, violeta y púrpura, que pueden ser tan oscuras como para parecer negras. Se cree que el color púrpura se debe al manganeso o petróleo. Tiene una forma de fibrosa a columnar. El Blue John es inerte a la luz ultravioleta. Desde el punto de vista ornamental, es más importante que los cristales y con él se han labrado jarrones y otros objetos decorativos desde los romanos. La única fuente de esta variedad de fluorita es la mina de plomo de Castleton, Inglaterra.

Se han hecho fluoritas sintéticas, entre ellas algunas de color rosa, imitando los cristales octaédricos rosa encontrados en una mina próxima a Chamonix, Francia. Como la fluorita tiene una dureza de 4 en la escala de Mohs, se la considera demasiado blanda para usarla en joyería. Su perfecta exfoliación en octaedros la hace difícil de tallar, pero algunas se han tallado en facetas para coleccionistas, generalmente en talla trapezoidal.

Como se dijo anteriormente, la fluorita debe su nombre al hecho de que es fluorescente a la luz ultravioleta. La mayor parte de las fluoritas dan un brillo de azul celeste a violeta bajo la luz ultravioleta. Los cristales pardos de fluorita de Clay Center (Ohio) se reconocen por su destello blanco seguido de amarillo. Se dice que esto es por la inclusión de petróleo o compuestos

Arriba. Un jarrón de fluorita muy decorativo.

Derecha. La forma pura de la fluorita es incolora, pero los ejemplares como éste –que procede del Reino Unido– deben su color a rastros de impurezas.

bituminosos. Aunque algunas fluoritas brillan bajo las longitudes de onda corta de la luz ultravioleta, los colores

CARBONATOS

Malaquita, $CO_3Cu_2(OH)_2$ Grupo carbonatos

Dureza en la escala de Mohs: 4	Peso específico: 3,8	Cristaliza en el sistema: monoclínico

Brillo De vítreo a diamantino.
Veta Verde pálida.
Transparencia De translúcida a opaca.
Exfoliación Perfecta.
Fractura Desigual, áspera.
Formas Cristales aciculares o prismáticos, más habitualmente en masas estalactíticas y botrioidales.
Variedades Normalmente es isomórfico con la azurita.
Usos Ornamental.
Se encuentra Gran parte de la malaquita que se usó en la antigüedad para hacer joyas procedía de las minas de cobre de los montes Urales, en Rusia. También se encuentra malaquita apta para la talla en Queensland, Nueva Gales del Sur, y al sur de Australia, donde se da con la azurita. También hay malaquita en Inglaterra (Cornualles), Chile y EE.UU. (Arizona), en zonas de África con minas de cobre, entre otras, en Namibia, Zaire, Zambia y Zimbabwe.

Características distintivas
Soluble en ácido clorhídrico diluido, color muy vivo.
Color Verde vivo.

Azurita, $CO_3 2Cu.(OH)_2 Cu$ Grupo carbonatos

Dureza en la escala de Mohs: 3,5-4	Peso específico: 3,8-3,9	Cristaliza en el sistema: monoclínico

Características distintivas
Cristales azul vivo, asociados con la malaquita; reacciona al ácido nítrico.
Color De azul oscuro intenso a azul cerúleo.
Brillo De vítreo a diamantino.
Veta Azul pálida.
Transparencia De transparente a translúcida.
Exfoliación Excelente a 021.
Fractura Concoidea.
Tenacidad Frágil.

Formas Variadas: de cristales prismáticos esbeltos a granular; maciza, columnar o terrosa.
Variedades Ninguna.
Usos Como mineral de cobre y en colecciones de minerales.
Se encuentra Asociada con minerales de cobre oxidados, invariablemente en asociación con la malaquita. En Siberia, Grecia, Rumanía, Francia, Escandinavia, Namibia, Australia y EE.UU.

Como la malaquita **(véase página de enfrente),** la azurita se forma donde las rocas cupríferas han sido alteradas por infiltraciones de agua. Los dos minerales suelen encontrarse juntos y muchos especímenes son una mezcla de los dos.

Calcita, CO₃Ca Grupo carbonatos

| Dureza en la escala de Mohs: 3 | Peso específico: 2,7 | Cristaliza en el sistema: hexagonal |

Características distintivas
Efervescente en ácido clorhídrico diluido. Dos excelentes exfoliaciones permiten que el mineral se rompa en perfectos romboedros; tiene fluorescencia en rojo pálido a la luz ultravioleta; las transparentes son birrefringentes.
Color De incoloro a blanco. También se da cualquier combinación de colores debido a las impurezas, incluso el negro.
Brillo De vítreo a terroso.
Veta De blanca a gris.
Transparencia De transparente a opaca.
Exfoliación Romboédrica perfecta a 10Ī1.
Fractura Difícil de conseguir debido a su perfecta exfoliación.
Tenacidad Frágil.
Formas Espatos ungulares y de dientes de perro.
Variedades El espato de Islandia, que es transparente y birrefringente. La calcita es el componente principal de las calizas y de las variedades que se forman en ellas: maciza, calcita oolítica, yeso, toba, estalactitas, estalagmitas y mármol.

Usos La fabricación de cemento y bloques para la construcción; hornos de fundición, ornamentales, prismas de polarización de Nicol, lechada de cal; agricultura.

Se encuentra En calizas de todo el mundo, sobre todo en Austria, Alemania, Francia, Reino Unido, Islandia, Irlanda, México y EE.UU.

Variedades

Espato de Islandia en el que se ve la doble refracción (birrefringencia)

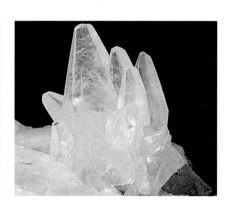

Dolomita, $(CO_3)_2MgCa$ a $CO_3Mg.CaCO_3$ Grupo carbonatos

Dureza en la escala de Mohs: 3,5-4	Peso específico: 3	Cristaliza en el sistema: rómbico

Características distintivas
Cristales de color blanco a pardo pálido, en forma de caballete, que reacciona al ácido clorhídrico diluido y caliente (esto hay que hacerlo con cuidado).
Color Cuando es pura, blanco; cuando no, de pardusco a pardo rojizo o de verdusco a rojo, gris y negro.
Brillo De vítreo a nacarado.
Veta De su mismo color.
Transparencia Translúcida (la forma transparente es rara).
Exfoliación Rómbica, perfecta a $10\bar{1}1$.
Fractura Subconcoidea.
Tenacidad Frágil.

Formas Cristales en forma de caballete, rómbicos o curvados. De granular a maciza (con frecuencia con muchas grietas minúsculas).
Variedades Ninguna.
Usos Importante material de construcción que se usa tanto como piedra estructural como ornamental y para hacer bloques para edificios y, en especial, cementos. Se usa en la fabricación de magnesia para materiales refractarios, como soldadura metalúrgica en las industrias del hierro y del acero; se usa también en la industria química como fuente de magnesio.
Se encuentra La dolomita maciza se forma por la sustitución del calcio por el magnesio en la caliza maciza (de ahí, su nombre sinónimo de caliza magnésica). En Inglaterra, España, Italia, Suiza, Alemania, Austria, República Checa, África del Sur, Brasil, México, Canadá (Quebec) y EE.UU

Izquierda. Un agregado de cristales de dolomita de Tsumeb, Namibia.

Rodocrosita, CO_3Mn Grupo carbonatos

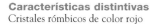

Dureza en la escala de Mohs: 3,5-4,5	Peso específico: 3,5-3,6	Cristaliza en el sistema: hexagonal

Características distintivas
Cristales rómbicos de color rojo

rosado en vetas minerales, donde aparece como mineral secundario.

Color De rojo pálido rosado a rojo oscuro, aunque se conocen formas grises amarillentas.
Brillo De vítreo a nacarado.
Veta Blanca.
Transparencia De transparente a translúcido.
Exfoliación Rómbica, perfecta a $10\bar{1}1$.
Fractura Desigual.
Tenacidad Frágil.
Formas Rómbica, pero también maciza, compacta y granular.
Variedades Ninguna.
Usos Colecciones de minerales.
Se encuentra Como mineral secundario asociado con plomo y en vetas de cobre ricas en manganeso. Raro como mineral. En Rumania, Reino Unido, Alemania y EE.UU. (Connecticut, Nueva Jersey, Michigan, Montana y Colorado).

Cerusita, CO_3Pb Grupo carbonatos

Dureza en la escala de Mohs: 3-3,5	Peso específico: 6,5-6,6	Cristaliza en el sistema: rómbico

Características distintivas
Cristales prismáticos alargados y estriados, blancos, frecuentemente en pequeños grupos estrellados. Reacciona al ácido nítrico.
Color Principalmente, blanco; pero puede ser grisáceo o gris azulado oscuro.
Brillo Diamantino.
Veta Incolora.
Transparencia De translúcida a transparente (raramente).
Exfoliación Prismática bien definida, buena a 110 y 021.
Fractura Concoidea (aunque esto es difícil de ver).
Tenacidad Frágil.

Formas Cristales prismáticos de tabulares a alargados, frecuentemente en grupos en forma de estrella. A veces, en estalactitas.
Variedades Ninguna.
Usos Mineral de plomo.
Se encuentra En zonas de oxidación de vetas de plomo, donde las menas de plomo han reaccionado con aguas muy carbonatadas. En Siberia, Austria, Alemania, Francia, Escocia, Túnez, Namibia, Australia y EE.UU. (Pensilvania, Missouri, Colorado, Arizona y Nuevo México).

SILICATOS

Dioptasa, silicato de cobre, $SiO_2Cu(OH)_2$ Grupo silicatos

Dureza en la escala de Mohs: 5	Peso específico: 3,3	Cristaliza en el sistema: hexagonal

Características distintivas Cristales prismáticos cortos, en verde esmeralda oscuro; se encuentra en asociación con yacimientos de sulfuros de cobre. Es un mineral bastante raro.
Color Esmeralda, de oscuro a medio.
Brillo Vítreo.
Veta Verde.
Transparencia De transparente a translúcido.
Exfoliación Perfecta a 10Ī1.
Fractura Concoidea, pero difícil de verse porque los cristales o son muy pequeños o muy valiosos para romperlos.
Tenacidad Frágil.
Formas Cristales cortos y prismáticos hexagonales. También en maciza o en racimos granulares.
Variedades Ninguna.
Usos Mineral muy valioso para los coleccionistas.
Se encuentra En las partes altas de oxidación de yacimientos de menas de cobre, donde se dan excelentes cristales en cavidades drusas. En Rusia, Congo, Chile y EE.UU. (Arizona).

Enstatita, $Si_2O_6Mg_2$ Grupo silicatos

Dureza en la escala de Mohs: 5,5	Peso específico: 3,27	Cristaliza en el sistema: rómbico

Características distintivas Piroxeno infusible, insoluble en ácido.
Color Pardo.
Brillo Diamantino.
Veta Incolora/gris.
Transparencia De transparente a translúcida.
Exfoliación Buena.
Fractura Concoidea.
Tenacidad Frágil.
Formas Prismáticas; las que tienen calidad de gemas, normalmente en cantos rodados.
Variedades Ninguna.
Usos Joyería.
Se encuentra Los cristales de enstatita se encuentran en forma de prismas, pero la enstatita con calidad de gema se suele encontrar en forma de cantos rodados. Se encuentra enstatita de un buen

color verde en las tierras diamantíferas azules de las minas de Sudáfrica. En Austria, Noruega, Myanmar, Sri Lanka y California se encuentran en verde pardusco.

La broncita es una enstatita de color pardo oscuro, rica en hierro, y puede tallarse en cabujón, ofreciendo el efecto del ojo de gato. Algunas enstatitas grises de Sri Lanka son tornasoladas.

Diópsido, Si_2O_6MgCa Grupo silicatos

Dureza en la escala de Mohs: 5	Peso específico: 3,29	Cristaliza en el sistema: monoclínico

Características distintivas
Insoluble en ácido.
Color Verde botella.
Brillo Vítreo.
Veta Gris blanquecina.
Transparencia De
transparente a casi opaco.
Exfoliación Buena.
Fractura Desigual, rugosa.
Tenacidad Frágil.
Formas Cristales prismáticos,
maciza, laminar, granular y
columnar.
Variedades El violan (azul
violáceo oscuro). La estrella, que
está en el comercio desde 1964 y
procede de la India.
Usos Joyería.
Se encuentra El diópsido que
contiene cromo se llama diópsido
de cromo. Los mejores son verde

vivo y se encuentran en las tierras
azules de Sudáfrica. El diópsido de
cromo con calidad de gema se
encuentra también en las gravillas
gemíferas de Sri Lanka, Siberia y
Hunza (Pakistán). Los
especímenes de Hunza suelen ser
cristales grandes, de color casi
esmeralda. Pueden contener
inclusiones fibrosas que dan a
los cristales un aspecto
empañado, pero éstos se
pueden tallar en cabujón. El
diópsido de cromo de
Myanmar es tornasolado. En
Canadá se encuentran en
color amarillo humo,
mientras que en California se
encuentran pequeños cristales
en verde vivo.
Los especímenes macizos

de violan se pulen en forma de
cuentas y se usan para taraceados.
Las piedras transparentes se
pueden tallar en facetas, mientras
que las que tienen inclusiones se
tallan en cabujón para obtener el
efecto de ojo de gato.

Titanita, SiO_5CaTi Grupo silicatos

Dureza en la escala de Mohs: 5,5	Peso específico: 3,53	Cristaliza en el sistema: monoclínico

Características distintivas
Soluble en ácido sulfúrico.
Muchas «luces» y birrefringencia.
Color Pardo, amarillo, verde,
rojo y negro. Dentro de cada
cristal puede variar.
Brillo Diamantino.
Veta Blanca.
Transparencia De
transparente a casi opaca.
Exfoliación Nítida.
Fractura Concoidea.
Tenacidad Frágil.
Formas Cuneiforme.
Variedades Ninguna, excepto
el color. Se llama también esfena,
aunque su nombre correcto en
mineralogía es titanita.
Usos Joyería. Importante mena
de titanio.
Se encuentra Los lugares más
importantes de procedencia de la
titanita son el Tirol austríaco,
Suiza, Canadá y Madagascar.
Entre otras fuentes están

Myanmar, México, Brasil y Sri
Lanka. Se corta normalmente en
talla brillante o en talla mixta.

Benitoíta, Si_3O_9TiBa Grupo silicatos

Dureza en la escala de Mohs: 6-6,5	Peso específico: 3,65-3,68	Cristaliza en el sistema: hexagonal

Características distintivas
Azul fluorescente a la luz
ultravioleta, fuerte dispersión,
evidente dicroísmo.
Color Azul, rosa, púrpura y
blanco.
Brillo Vítreo.
Veta Incolora.
Transparencia De
transparente a translúcida.
Exfoliación Poco definida.
Fractura De concoidea a
desigual.

Tenacidad Frágil.
Formas Piramidal y tabular.
Variedades Ninguna.
Usos Joyería.
Se encuentra La benitoíta es
muy rara y se encuentra sólo en
California.
   La benitoíta azul se ha tallado
en facetas para los coleccionistas.
Los cristales incoloros de
benitoíta no son raros, pero se
considera que no sirven para
tallarlos.

Circón o zircón, SiO₄Zr Grupo silicatos

Dureza en la escala de Mohs: 7,5	Peso específico: 4,5-5	Cristaliza en el sistema: tetragonal

Características distintivas
Prismas cortos con terminaciones piramidales, en pardo, de pálido a intenso. En pequeños cristales con brillo diamantino.
Color Varias tonalidades del pardo, azul, verde o incoloro.
Brillo Diamantino.
Veta Incolora.
Transparencia De transparente a opaca.
Exfoliación Mala a 110.
Fractura Concoidea, que suele ser difícil de ver por ser cristales de pequeño tamaño.
Tenacidad Frágil.
Formas Prismas cortos con terminaciones piramidales.
Variedades El jacinto, que es de rojo a naranja.
Usos Joyería, usándose las formas incoloras para imitar el diamante.
Se encuentra Importante mineral accesorio en rocas ígneas ácidas. Debido a su dureza y resistencia a la erosión, se da también en areniscas. En todo el mundo, principalmente asociado con rocas graníticas cristalinas de grano grueso. Se encuentran

muchos circones con calidad de piedras finas en las gravillas gemíferas de Sri Lanka, Myanmar y Tailandia. Las zonas principales de Tailandia para encontrar zircones son los distritos de Champasak, Pailin y Kha. En Francia se encuentran cristales rojos bien formados; en Noruega, cristales pardos y, en Tanzania, en cantos rodados casi blancos. También en Australia se encuentran circones con calidad de gemas.

El circón se talla en facetas, normalmente en talla redonda de brillante. Aunque es duro, los

Arriba. El zircón se da en una gran variedad de colores y no sólo como la piedra incolora que nos es familiar para imitar el diamante. También se le puede tratar con calor para darle diferentes colores.

bordes de las facetas del circón se astillan fácilmente cuando se usan en joyería.

La espinela sintética azul se utiliza para imitar el zircón azul y el vidrio coloreado para imitar a los demás colores. Los circones de colores más vivos, azules, dorados o incoloros son zircones pardos tratados al calor.

Hemimorfita o calamina, $Si_2O_7Zn_4(OH)_2.H_2O$ Grupo silicatos

Dureza en la escala de Mohs: 4,5-5	Peso específico: 3,4-3,5	Cristaliza en el sistema: rómbico

Características distintivas
Soluble en ácido, desprende agua cuando se calienta en un tubo de ensayo.
Color Blanco, azul, verdoso.
Brillo Vítreo, sedoso.
Veta Incolora.
Transparencia De transparente a translúcida.
Exfoliación Perfecta.
Fractura De desigual a concoidea.
Tenacidad Frágil.
Formas Cristales eflorescentes con terminaciones diferentes o hemimórficas.
Variedades Rara en cristal; maciza, granular, botrioidal y estalactítica.
Usos Como mena de zinc, en joyería y para usos ornamentales.
Se encuentra En vetas de zinc alteradas por oxidación.

Normalmente se presenta en vetas junto con otros minerales, como la anglesita, el oricalco o auricalco, la calcita, la cerusita, la galena, la smithsonita y la esfalerita. Se encuentra en Argelia, Grecia, Italia, Namibia, México y EE.UU.

Escapolita o wernerita, $Si_6O_{24}(Cl,F,OH,CO,CO_3,SO_4)Al_3(Al,Si)(Na,Ca,K)_4$ Grupo silicatos

Dureza en la escala de Mohs: 6	Peso específico: 2,6-2,7	Cristaliza en el sistema: tetragonal.

Características distintivas
Soluble en ácido clorhídrico, fuerte pleocroísmo.
Color Blanco, azul, verde, amarillo, pardo.
Brillo Resinoso.
Veta Incolora.
Transparencia De transparente a translúcida.
Exfoliación Definida.
Fractura Desigual.
Tenacidad Frágil.
Formas Cristales prismáticos, granular y maciza.
Variedades Meionita y marialita.
Usos Joyería.
Se encuentra Con calidad de gema se encontró por vez primera en la región birmana de Mogok, como piedras fibrosas de color blanco, rosa o violeta. Las piedras rosa y violeta tiene un pleocroísmo intenso, viéndose azul oscuro y azul lavanda y se pueden tallar en cabujón para obtener el efecto ojo de gato. Se han encontrado piedras amarillas en Madagascar y Brasil. En Quebec y Ontario (Canadá) se encuentra una variedad maciza de escapolita de color amarillo opaco, que emite una fluorescencia en amarillo brillante a la luz ultravioleta y se puede tallar en cabujón. En Kenya se han encontrado escapolitas incoloras, púrpuras y amarillas, con calidad de gemas.

La escapolita birmana se talla en cabujón para que muestre el efecto ojo de gato, mientras que la escapolita amarilla brasileña normalmente se talla en facetas.

Smithsonita, CO₃Zn Grupo silicatos

Dureza en la escala de Mohs: 4-5	Peso específico: 4,3-4,5	Cristaliza en el sistema: hexagonal

Características distintivas
Conocida también como calamina en el Reino Unido (y como

mineral de *drybone**). Soluble en ácido clorhídrico.
Color Gris, blanco, verde, pardo.

Brillo Vítreo.
Veta Blanca.
Transparencia De transparente a translúcida.
Exfoliación Desigual.
Fractura Concoidea.
Tenacidad Frágil.
Formas Raramente en cristal (trigonal); reniforme, maciza, arracimada, espongiforme, recordando huesos secos.
Usos Mena de zinc, ornamental.
Se encuentra Se forma por oxidación en yacimientos de cobre y zinc. Asociada con la azurita, la cerusita, la hemimorfita, la malaquita y la piromorfita. En Austria, Reino Unido, Grecia, Cerdeña, España, Turquía, Rusia, Namibia, Australia y EE.UU.

(*) El *drybone* es una variedad porosa de la smithsonita que recuerda los huesos desecados (*N. del T.*).

Rodonita, inosilicato de manganeso, SiO₃Mn Grupo silicatos

Dureza en la escala de Mohs: 5,5-6,5	Peso específico: 3,6	Cristaliza en el sistema: triclínico

Características distintivas
Cristales tabulares bien definidos color rosa, que suelen ir asociados con rodocrosita o tetraedrita o en rocas metamórficas.
Color De rosa pálido a rojo y, raramente, amarillo verdoso.
Brillo Vítreo.
Veta Blanca.

Transparencia Normalmente, translúcida, aunque a veces se presentan formas transparentes.
Exfoliación Perfecta.
Fractura De desigual a concoidea.
Tenacidad Frágil.
Formas Como racimos de grandes cristales tabulares.

Variedades Ninguna.
Usos Ornamental.
Se encuentra En minerales de manganeso asociados con rodocrosita o tetraedrita. En Rusia (Urales), Rumania, Suecia, Australia, México y EE.UU. (Massachusetts y Nueva Jersey).

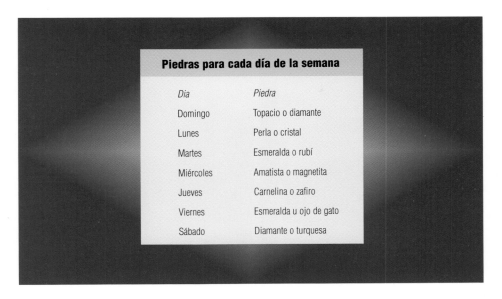

Piedras para cada día de la semana

Día	Piedra
Domingo	Topacio o diamante
Lunes	Perla o cristal
Martes	Esmeralda o rubí
Miércoles	Amatista o magnetita
Jueves	Carnelina o zafiro
Viernes	Esmeralda u ojo de gato
Sábado	Diamante o turquesa

Danburita, $(B_2Si_2O_8)Ca$ Grupo silicatos

Dureza en la escala de Mohs: 7-7,5	Peso específico: 2,97-3,02	Cristaliza en el sistema: rómbico

Características distintivas
Débil pleocroísmo, el boro del cristal produce una llama verde.
Color Incoloro, amarillo pálido, rosa.
Brillo Vítreo, graso.
Veta Blanca.
Transparencia Transparente.
Exfoliación Desigual.
Fractura Concoidea.
Tenacidad Frágil.
Formas Prismáticas.
Variedades Ninguna.
Usos Poco valor como gema.
Se encuentra El nombre se deriva de Danbury, Connecticut, donde se encontró este cristal por primera vez. También hay yacimientos en Suiza y en los Alpes italianos, en Madagascar, Japón y México.

Antigorita o serpentina hojosa, $Si_4O_{10} \cdot Mg_6(OH)_8$ Grupo silicatos

Dureza en la escala de Mohs: 2,5	Peso específico: 2,58-2,59	Cristaliza en el sistema: monoclínico

Características distintivas
Sensible a los ácidos.
Color Verde, amarillo.
Brillo Graso, sedoso.
Veta Blanca.
Transparencia De transparente a opaca.
Exfoliación Perfecta.
Fractura Concoidea.
Tenacidad Se astilla, correosa.
Formas Son dos estructuras superpuestas: la antigorita hojosa y la crisotila fibrosa.
Variedades La variedad

bouenita, que es verde translúcida, se usa a veces como alternativa al jade, porque tiene un aspecto similar y puede llamársela «nuevo jade». La bouenita debe su nombre al austríaco Boué, que al principio confundió la bouenita con el jade nefrita. La williamsita es otra variedad de serpentina. De color gris oleoso, es más blanda que la bouenita y contiene inclusiones negras.
Usos Decorativos y ornamentales.

Se encuentra Se presenta en diques volcánicos, retículos cristalinos y agregados pizarrosos. Formada por la serpentinización de rocas, principalmente de peridotitas. Se da en rocas metamórficas de plegamiento, muy probablemente a partir de intrusiones alteradas ricas en olivino. En el Reino Unido, Francia, Austria, Alemania, Italia, Sudáfrica y EE.UU.

Olivino, $SiO_4(MgFe)_2$ Grupo silicatos

Dureza en la escala de Mohs: 6,5-7	Peso específico: 3,34	Cristaliza en el sistema: rómbico

Características distintivas

Llamado peridoto, cuando el olivino forsterita se usa como gema; a veces, se le llama crisolita. Característica absorción del espectro, con tres líneas anchas en el azul, debidas a la presencia de hierro. Fuerte birrefringencia.

Color Verde, verde amarillento, pardusco.

Brillo Graso.

Veta Incolora.

Transparencia De transparente a translúcido.

Exfoliación Imperfecta.

Fractura Concoidea (pequeña).

Tenacidad Frágil. Puede romperse si se la estira mucho y, por eso, se le llama laminado metálico y «chapa de metal».

Formas Prismas aplastados con estrías verticales, macizo compacto y granular.

Usos En joyería.

Se encuentra La fuente más importante de olivino fue la isla de St. John, pero esta isla ya no es accesible para los coleccionistas. Las piedras con calidad de gemas se encuentran en Myanmar. En Noruega, Australia y Brasil se ha encontrado en cristales y cantos rodados. En Nuevo México y Arizona se ha encontrado peridoto en arenas e incluso en túmulos hormigueros. Entre otros lugares están las «pipes» o chimeneas diamantíferas de Sudáfrica. En las playas de Hawaii se encuentran en forma de guijarros. Se ha encontrado peridoto en lugares tan remotos como la Antártida e incluso en meteoritos.

El peridoto se talla en forma trapezoidal. También se usan la talla oval, la de forma de pera, la redonda y la mixta. El peridoto se usa para broches, colgantes y pendientes.

Para imitar el peridoto se usan cristales y piedras compuestas, entre ellas dobletes con granate encima y compuestos sintéticos de espinela, pero se pueden reconocer todos ellos porque no tienen brillo graso.

Andalucita, SiO₄ Al₂O Grupo silicatos

$Andalucita, SiO_4 Al_2O$

Dureza en la escala de Mohs: 7,5	Peso específico: 3,1	Cristaliza en el sistema: monoclínico

Características distintivas
Prismas cristalinos alargados, en pizarras, feldespatos córneos y esquistos, en zonas de contacto con intrusiones graníticas.

Color De transparente a blanco, pero también rojo pálido, castaño y verde.
Brillo Vítreo.
Veta Incolora
Transparencia De transparente a opaca.
Exfoliación Prismática; perfecta a 110, escasa a 100.
Fractura Desigual.
Tenacidad Frágil.
Formas En prismas alargados. Las cuadradas no son corrientes.
Variedades La quiastolita, que tiene cristales gruesos y alargados con una veta cruzada interna, pálida o de color, que recorre longitudinalmente cada uno de ellos.
Usos En joyería, cuando es transparente.
Se encuentra En zonas de metamoformismo de contacto en torno a masas graníticas. También en gneis y esquistos. La andalucita con calidad de gema se encuentra en Sri Lanka, en forma de guijarros fluviales en gravillas de gemas, con un color verde apagado; y, en Brasil, en lechos fluviales o en laderas de montañas, debajo de arcillas y gravillas. Se encuentra también en Rusia, Australia, Canadá y EE.UU. En Zimbabwe y Myanmar se encuentran buenos ejemplares de quiastolita. También en Francia, España, Australia, Bolivia y Chile.

Los cristales de buena calidad, especialmente las variedades verdosas y rojizas, se tallan como gemas. Las «piedras-cruzadas» de quiastolita son famosas en los Pirineos franceses, donde se usan como amuletos o fetiches.

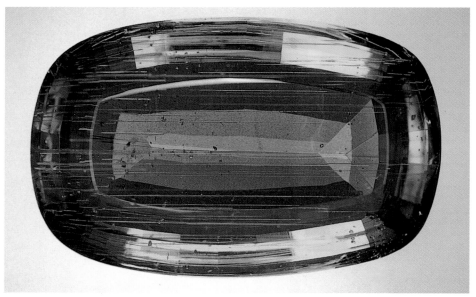

Kyanita, SiO_4Al_2O Grupo silicatos

Dureza en la Escala de Mohs: 4 (eje z) 7(eje y)	Peso específico: 4	Cristaliza en el sistema: triclínico

Características distintivas
Traslúcida, azul pálido, cristales en forma de listón. La dureza a lo largo del cristal es menor que a lo ancho. Suele presentarse asociada con la estaurolita en esquistos.
Color Normalmente, azul pálido cerúleo, pero también puede ser blanco, gris o verde.

Brillo De vítreo a nacarado.
Veta Blanca.
Transparencia De translúcida a transparente.
Exfoliación Perfecta a 100.
Fractura No es aplicable.
Tenacidad Frágil.
Formas Cristales largos, en forma de hoja o de listón.

Variedades Ninguna.
Usos En materiales refractarios para hornos y en joyería.
Se encuentra En esquistos de mica resultantes de metamorfismo regional; a menudo, asociada con la estaurolita, el granate y el corindón. Se encuentra en los Alpes, en los Urales y EE.UU.

Fenaquita, SiO_4Be_2 Grupo silicatos

Dureza en la escala de Mohs: 7,5-8	Peso específico: 2,95-3	Cristaliza en el sistema: hexagonal

Características distintivas
Llamada también fenacita. Claro pleocroísmo, infusible, indisoluble en ácido.
Color Incoloro, blanco, amarillo o rosáceo.
Brillo Vítreo, graso al pulimentarla.
Veta Blanca.
Transparencia Transparente.
Exfoliación Neta.
Fractura Concoidea.
Tenacidad Frágil.
Formas Trigonal o rómbica, columnar corta.
Variedades Ninguna.
Usos Joyería.
Se encuentra En venas hidrotérmicas y en rocas ígneas graníticas, entre ellas en las pegmatitas. También en esquistos, cuando se presentan asociada con el topacio, el berilo y el crisoberilo, el apatito y el cuarzo.

En Bielorrusia, Brasil, México y EE.UU. (Colorado).

Sillimanita, SiO_5Al_2 Grupo silicatos

Dureza en la escala de Mohs: 7,5	Peso específico: 3,25	Cristaliza en el sistema: rómbico

Características distintivas
Llamada también silimanita y fibrolita, debido a que es fibrosa. Fuerte pleocroísmo, infusible, indisoluble al ácido.
Color Gris, amarillo, verdoso o castaño.
Brillo Vítreo o sedoso.
Veta Incolora/blanca.
Transparencia De transparente a translúcida.
Exfoliación Perfecta.
Fractura Desigual
Tenacidad Frágil.
Formas Cristales prismáticos alargados.
Usos Joyería.
Se encuentra Se forma en rocas metamórficas y en algunas rocas ígneas. En Myanmar, Sri Lanka y EE.UU. (Idaho), como cantos rodados macizos y fibrosos.

Leucita, Si_2O_6KAl Grupo silicatos

Dureza en la Escala de Mohs: 5-5,6	Peso específico: 2,5	Cristaliza en el sistema: isométrico

Características distintivas
Característicos cristales trapezoidales en lavas recientes de composición traquítica o fonolítica. Algunos cristales presentan fluorescencia bajo la luz ultravioleta.

Color De blanco a blanco ceniza.
Brillo De vítreo a apagado.
Veta Incolora.
Transparencia Habitualmente, opaca; a veces, translúcida.
Exfoliación Escasa a 110.
Fractura Concoidea.
Tenacidad Frágil.
Formas Cristales trapezoidales.
Variedades Ninguna
Usos Colecciones de minerales.
Se encuentra Rica en potasa y pobre en sílice, se encuentra en lavas ígneas, como las sienitas y las traquitas. Se encuentra en todo el mundo, pero particularmente en Italia, Canadá (Columbia Británica) y EE.UU. (Nueva Jersey, Arkansas y Wyoming).

Hiddenita, Si$_2$O$_6$LiAl Grupo silicatos, variedad de espodumena

Dureza en la Escala de Mohs: 6-7	Peso específico: 3,16-3,2	Cristaliza en el sistema: monoclínico

Características distintivas
Es la variedad verde de la espodumena, que debe su nombre a W. E. Hidden, propietario de la mina de Carolina del Norte donde fue descubierta. Indisoluble al ácido, produce una llama de color rojo por su contenido de litio.
Color Verde.
Brillo Vítreo.
Veta Perfecta.
Transparencia Translúcida.
Exfoliación Perfecta.
Fractura Desigual.
Tenacidad Frágil.
Formas Cristales largos y de terminación desigual, laminados.
Usos Colecciones de minerales, en joyería.
Se encuentra En yacimientos en pegmatitas graníticas. Cristales

con calidad de gemas en Carolina del Norte; cristales menos atractivos y más pálidos en Myanmar, Madagascar, Brasil y EE.UU. (California y Carolina del Norte).

Kunzita, Si$_2$O$_6$Lial Grupo silicatos; variedad de la espodumena

Dureza en la escala de Mohs: 6-7	Peso específico: 3,16-3,2	Cristaliza en el sistema: monoclínico

Características distintivas
El color pardo rosáceo, causado por el manganeso, se difumina a la luz.
Color Rosa/pardo.
Brillo Vítreo.
Veta Blanca.
Transparencia Translúcida.
Exfoliación Perfecta.
Fractura Desigual.
Tenacidad Frágil.
Formas Cristales prismáticos y tabulares, que pueden ser grandes.
Usos En joyería; como fuente de litio.
Se encuentra En pegmatitas graníticas. En Madagascar, Brasil y EE.UU (California, Connecticut y Maine).

Microlina, K(Si$_3$O$_8$) Grupo silicatos

Dureza en la escala de Mohs: 6	Peso específico: 2,55	Cristaliza en el sistema: triclínico

Características distintivas
Cristales levemente veteados, de color turquesa pálido a blanco. De apariencia similar a la ortosa, pero con un peso específico ligeramente más bajo.
Color De turquesa pálido a amarillo blanquecino; a veces, rojo ladrillo pálido.
Brillo Vítreo.
Veta Incolora.
Transparencia Habitualmente, translúcida; rara vez, transparente.
Exfoliación Perfecta a 001.
Fractura Desigual.
Tenacidad Frágil.
Formas Prismática rómbica (como la ortosa); también de maciza a granular.
Variedad Ninguna.
Usos Joyería, ornamental y en la fabricación de porcelana.
Se encuentra Abundantemente en rocas ígneas ácidas, como el granito. De las pegmatitas graníticas se pueden extraer buenos cristales. Se encuentra en todo el mundo, pero en particular en Italia, Escandinavia, los Urales (Rusia), Madagascar y EE.UU. (Pennsilvania, Delaware y Colorado).

Jade, (Si$_2$O$_6$)AlNa Grupo silicatos

Dureza en la escala de Mohs: 6,5-7	Peso específico: 3,4	Cristaliza en el sistema: monoclínico

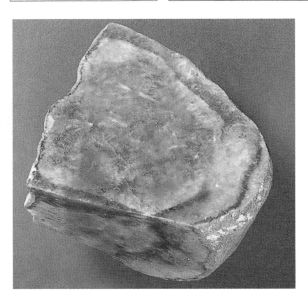

Características distintivas
Su tenacidad significó en los tiempos prehistóricos que pudiera usarse como herramienta y que por ello se la haya llamado «piedra de hacha». Insoluble en ácido.
Color Verde, blanco, gris, azulado.
Brillo Graso.
Veta Incolora.
Transparencia Translúcido.
Exfoliación Buena.
Fractura Astillada.
Tenacidad Muy fuerte.
Formas Raramente en cristales.
Variedades Jadeíta, nefrita (véanse págs. 93-94). La gran calidad del jade sintético le ha restado importancia.
Usos Ornamental y en joyería.
Se encuentra En Myanmar, Tíbet, Guatemala, China, Japón y EE.UU. (California).

Jadeíta, (SiO$_6$)NaAl Grupo silicatos

Dureza en la escala de Mohs: 6,5-7	Peso específico: 3,3-3,5	Cristalización: sistema monoclínico

La jadeíta es el «jade» más raro. Se encuentra en una gran variedad de colores, pero el verde esmeralda intenso («verde imperial») es el más apreciado en joyería. También existen jadeítas en colores blanco, rosa, marrón, rojo, naranja, amarillo, malva (debido al manganeso), azul, violeta, negro, con matices de verde, moteado en verde y en blanco. El hierro suele dar a la jadeíta un color verde apagado.

La jadeíta se encuentra en bloques de cristales granulares entrelazados. Esto le da un efecto rizado cuando se la pule. Es menos resistente que el jade nefrita. La jadeíta tiene una absorción característica del espectro con una intensa franja en el azul y un conjunto de franjas más débiles. Las piedras blancas, malvas,

amarillas y verde pálido presentan un reflejo blanquecino bajo las ondas largas ultravioleta y, bajo los rayos X, un destello color violeta, mientras que la jadeíta más oscura es inerte. La jadeíta verde se ve verde bajo el filtro Chelsea.

Myanmar es el lugar donde más abunda la jadeíta. La jadeíta birmana se encuentra en rocas metamórficas y también en cantos rodados de aluvión. Éstas presentan una superficie parda, que se debe a la erosión. Los cantos rodados encontrados en California en los años 1930 son blancos, verde pálido, verde oscuro y verde azulado, pero son semiopacos y de peor calidad que el birmano. En Japón se encuentra también la jadeíta verde,.

La jadeíta se usa para tallarla. Las piezas pequeñas se pueden

utilizar para hacer abalorios, piedras para anillos, broches y pendientes en forma de gota. El material con la superficie parda se puede utilizar para hacer camafeos o cajas de rapé.

La jadeíta se ha imitado con la bouenita, que es una variedad de la serpentina. La bouenita es más blanca que la jadeíta y se puede distinguir porque se puede partir fácilmente con un cuchillo. También se ha imitado la jadeíta con el feldespato, la prehnita, el cuarzo venturina, la crisoprasa, la serpentina teñida y el cristal de plomo coloreado de verde. El «jade del Transvaal» es un granate macizo grasulariáceo verde, que puede reconocerse por su fluorescencia naranja bajo los rayos X y por tener mayor densidad que la jadeíta.

Nefrita, $Ca_2(Mg,Fe)_5[(OH,F)/Si_4O_{11}]_2$ Grupo silicatos

Dureza en la escala de Mohs: 6,5	Peso específico: 2,9-3,1	Cristaliza en el sistema: monoclínico

La nefrita se presenta como un conglomerado de cristales fibrosos que forman una estructura muy densa y compacta. El color va del crema (jade «grasa de cordero») al verde intenso, dependiendo de la composición química; cuanto más hierro y menos magnesio contenga, más oscura será la piedra.

La nefrita tiene una peculiar absorción del espectro con un doblete en el rojo y una línea fuerte en el verde. No se muestra luminiscente a la luz ultravioleta y es verde bajo el filtro Chelsea.

La nefrita se encuentra en el Turkestán oriental. La mayor parte de las antiguas tallas chinas de jade son de nefrita y fue importada del Asia Central. Hasta el siglo XVIII no llegó a China la jadeíta de Myanmar. La nefrita siberiana se encuentra en cantos rodados verdes que pueden tener manchas negras. La nefrita de Nueva Zelanda se encuentran en rocas de talco-serpentina, al sur de la isla, y también en la isla de Urville. La nefrita verde oscura se encuentra en los guijarros de los depósitos glaciales y la usaban los maoríes para hacer adornos y unos garrotes aplastados llamados *meres*. En el sur de Australia se producen grandes cantidades de nefrita negra. En Europa existe en el norte de Italia, en las montañas de Harz (Alemania) y también en Polonia, donde la nefrita es de un color del blanco crema al arena, con manchas verdes. En Suiza, los yacimientos de nefrita fueron utilizados por los antiguos habitantes de los lagos. Se ha encontrado también nefrita en Brasil y en Taiwán y algo de nefrita de buena calidad, en Zimbabwe. En Canadá se han encontrado grandes piedras de nefrita, de verde amarillento a verde intenso. En EE.UU. se encuentra en varios estados, en gran variedad de colores, principalmente como depósitos de aluvión.

La nefrita, se utiliza principalmente para hacer tallas, aunque algunas nefritas de Alaska y de las Montañas Rocosas de los EE.UU. se pueden tallar en cabujón, con un efecto de ojo de gato.

Flogopita, $(Si_3Al)O_{10}(OH)_2K(Mg,Fe)_3$ Grupo silicatos

Dureza en la escala de Mohs: 3	Peso específico: 2,8-3	Cristaliza en el sistema: monoclínico

Características distintivas
Mineral laminado brillante, pardo cobrizo, negro irregular. Las láminas son flexibles y se separan fácilmente con la punta de un cuchillo o de un alfiler. Las escamas suelen mostrar una figura estrellada por reflexión de la luz.
Color De pardo cobrizo a pardo amarillento, con manchas oscuras.
Brillo Nacarado y, a veces, levemente metálico.
Veta Incolora.
Transparencia De transparente a semitransparente.
Exfoliación Básica, perfecta a 001.
Fractura Se curva sin quebrarse.
Tenacidad Flexible, elástica.
Formas Tabular, masas escamosas. Suele verse como

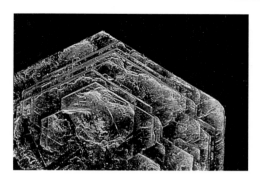

pequeñas escamas en las rocas ígneas ácidas.
Variedades Ninguna.
Usos Colecciones de minerales. Aislante eléctrico.
Se encuentra Es un producto

del metamorfismo. Se da en serpentinas, piedras calizas granulares y rocas dolomíticas. En Rumania, Suiza, Italia, Finlandia, Escandinavia, Sri Lanka, Canadá, Madagascar y EE.UU.

Zoisita, $Ca_2Al_3[OH(SiO_4)_3]$ Grupo silicatos

Dureza en la escala de Mohs: 6,5	Peso específico: 3,35	Cristaliza en el sistema: rómbico

Características distintivas
Claro pleocroísmo. Se vuelve azul al calentarla.
Color Gris, amarillo, verde, azul.
Brillo Vítreo.
Veta Blanca.
Transparencia Translúcida.
Exfoliación Perfecta.
Fractura Desigual.
Tenacidad Frágil.
Formas Cristales aplastados aciculares, aunque pueden ser fibrosos y curvados.
Variedades Las gemas de mejor calidad se llaman tanzanitas; la tulita es una variedad maciza de color rosa.
Usos Joyería; ornamental.
Se encuentra En numerosas rocas, entre

ellas las graníticas y en los sedimentos metamórficos. En Tanzania como tanzanita; en Noruega, como tulita; y en el Tirol austríaco, en Australia y en EE.UU.

Prehnita, $SiO_{10}(OH)_2Ca_2Al_2$ Grupo silicatos

Dureza en la escala de Mohs: 6-6,5	Peso específico: 2,9	Cristaliza en el sistema: rómbico.

Características distintivas
Masas reniformes o en racimos de pequeños cristales tabulares. Frecuentemente, en estalactitas o en racimos radiantes.
Color De verde pálido a gris blanquecino, apagándose el color al exponerse al aire.
Brillo Vítreo.
Veta Incolora.
Transparencia Translúcida, raramente semitransparente.
Exfoliación No es aplicable.
Fractura De desigual a rugosa.
Tenacidad Frágil.
Formas Cristales tabulares, a veces en forma de tubo; con frecuencia globulares o en racimos radiantes.
Usos Colecciones de minerales.

Se encuentra Principalmente como mineral secundario en rocas basálticas ígneas y en gneis. En

Austria, Italia, Alemania, Francia, Reino Unido, Sudáfrica y EE.UU.

Estilbita, $Si_7O_{18}.7H_2O(CA,Na_2,K_2)Al_2$ Grupo silicatos

Dureza en la escala de Mohs: 3,5-4	Peso específico: 2	Cristaliza en el sistema: monoclínico

Características distintivas
Estrechada por el centro, tabular, en cristales blancos que rellenan grietas o «forran» cavidades en lavas basálticas.
Color De blanco a rojo pardusco.
Brillo De vítreo a sedoso.
Veta Incolora.
Transparencia De transparente a translúcida.
Exfoliación Perfecta a 010.
Fractura Desigual.
Tenacidad Frágil.
Formas Cristales tabulares que se presentan en agregados agavillados, dándoles un aspecto estrechado por el centro.
Variedades Ninguna.
Usos Colecciones de minerales.
Se encuentra Rellenando o forrando grietas o cavidades de

lavas basálticas. En el Reino Unido, India, Islandia, Canadá (Nueva Escocia), EE.UU. (Nueva Jersey).

Cordierita, Al(Si$_5$O$_{18}$)Mg$_2$Al$_3$ Grupo silicatos

Dureza en la escala de Mohs: 7	Peso específico: 2,57-2,66	Cristaliza en el sistema: rómbico

Características distintivas
Conocida también como iolita y
dicroíta. Muy pleocroica.
Color Azul, violeta, pardo.
Brillo Graso, vítreo.
Veta Blanca.
Transparencia Transparente.
Exfoliación Buena.
Fractura Concoidea, desigual.
Tenacidad Frágil.
Formas Dobles prismas
pseudohexagonales.
Variedades El nombre
comercial de la cordierita azul
zafiro es «zafiro de agua».
Usos Joyería.
**Propiedades físicas
y lugares en que se
encuentra** Los valores físicos y
ópticos de la cordierita varían por
la complejidad de su composición.
La cordierita con calidad de gema
tiene el color del zafiro azul.
La cordierita debe su nombre al
geólogo francés P. I. A. Cordier.
Se la llama también iolita, que se

deriva de la palabra griega que
significa violeta. Como se ha
dicho, la cordierita se distingue
por su fuerte pleocroísmo; los tres
colores son amarillo pardusco, azul
claro y azul intenso. El mejor
color azul se ve cuando se mira el
cristal a lo largo del prisma. Esta
propiedad física da a la piedra su
tercer nombre: dicroíta.
La cordierita puede tener
diversas inclusiones. Los
especímenes de Sri Lanka pueden
contener tantas plaquitas de los
minerales hematita y goetita como
para dar a la piedra un color rojo.
A estas piedras se las llama
«cordieritas ensangrentadas».
La mayoría de la cordierita con
calidad de piedra preciosa se
encuentra en forma de cantos
rodados y en gravas de gemas, en
Sri Lanka y Myanmar. También se
encuentran gemas en Madagascar,
India y Canadá. Se pueden
encontrar buenas cordieritas en

Arriba. La cordierita suele presentar una
coloración gris violácea, como se puede ver
en este espécimen del Brasil.

Namibia, Tanzania y Brasil.
La mayor parte de las
cordieritas se talla en facetas,
aunque la gris es una piedra muy
decorativa para hacer figuras.

Estaurolita, $O_6(SiO)_4(O,OH)_2$ $(Fe,Mg)_2$ $(AlFe)_9$ Grupo silicatos

Dureza en la escala de Mohs: 7-7,5	Peso específico: 3,6-3,8	Cristaliza en el sistema: rómbico

Características distintivas
La mayor parte, en prismas cortos, de color opaco a rojo intenso o en cristales dobles cruciformes, en micasquistos consecuencia de metamorfismos regionales. Asociada con frecuencia a la kyanita, el granate y el cuarzo. El cristal suele mostrar superficies rugosas.
Color Del rojo vino intenso al pardo o amarillo.
Brillo De resinoso a poco vítreo.
Veta Blanca.
Transparencia Principalmente, opaca; pero, a veces, translúcida.
Exfoliación Clara, buena a 010.
Fractura Subconcoidea, pero se ve difícilmente porque los cristales son pequeños.
Tenacidad Frágil.
Formas Cristales prismáticos cortos o aplastados y cristales dobles cruciformes.
Variedades Ninguna.
Usos Raramente como gema.
Se encuentra En esquistos de zonas metamórficas regionales. Asociada con la kyanita, el granate, el cuarzo y la turmalina. Se encuentra en todo el mundo, pero en especial en Suiza, Francia y EE.UU. (New Hampshire, Virginia, Massachusetts, Tennessee y Montana).

Biotita, $(Si_3Al)O_{10}(OH)_2K(Fe,Mg)_2$ Grupo silicatos

Dureza en la escala de Mohs: 2,4-3,1	Peso específico: 2,6-3	Cristaliza en el sistema: monoclínico

Características distintivas
Escamas tabulares color negro brillante, que son flexibles y pueden desprenderse fácilmente con la punta de un cuchillo o de un alfiler.
Color De negro a negro verdoso.
Brillo Nacarado a semimetálico.
Veta Blanca.
Transparencia De transparente a opaca.
Exfoliación Basal, perfecta a 001.
Fractura Suele doblarse más que romperse.
Tenacidad Flexible, elástica.
Formas Normalmente, tabular.
Variedades Ninguna.
Usos Colecciones de minerales.
Se encuentra Componente importante de la mayoría de las rocas ígneas. Se encuentra en pegmatitas graníticas en bloques grandes en forma de libro. En todo el mundo.

Epidota (o pistacita), $Ca_2Fe(Al_2,O)(OH)(Si_2O_7)(SiO_4)$ Grupo silicatos

Dureza en la escala de Mohs: 6-7	Peso específico: 3,3-3,5	Cristaliza en el sistema: monoclínico

Características distintivas
Cristales prismáticos alargados y estriados, del verde intenso al negro, presentándose en bloques fibrosos o granulares en calizas metamórficas de contacto.
Color Del verde esmeralda al verde pistacho, pasando por el rojo o amarillo.
Brillo De vítreo a resinoso.

Veta Ninguna.
Transparencia De semitransparente a opaca (son raras las variedades transparentes).
Exfoliación Perfecta a 001.
Fractura Desigual.
Tenacidad Frágil.
Formas Racimos de cristales prismáticos, alargados y estriados. También maciza.
Variedades En cristales, fibrosa y maciza. La withemita, cuyo color va del rojo vivo al amarillo pálido, y la epidota de cromo, que va del verde esmeralda al amarillo limón.
Usos Colecciones de minerales.
Se encuentra En zonas metamórficas de contacto, y en rocas metamórficas regionales, como los gneis y los esquistos. Se encuentra en todo el mundo, pero especialmente en Francia, Noruega, Rusia y EE.UU.

Augita, $(SiAl)_2O_6(Ca,Mg,Fe,Ti,Al)_2$ Grupo silicatos

Dureza en la escala de Mohs: 5-6	Peso específico: 3,2-3,6	Cristaliza en el sistema: monoclínico

Características distintivas
Asociación de rocas de color oscuro y forma cristalina; exfoliación a 90 grados.
Color De gris a negro pardusco.
Brillo De vítreo a resinoso.
Veta De blanca a gris o a verdosa.
Transparencia De transparente a opaca.
Exfoliación Perfecta en 110 a 90 grados.
Fractura De concoidea a desigual.
Tenacidad No aplicable.

Formas Cristales prismáticos gruesos, a veces tabulares a 100.
Variedades La augita-egirita, que va del verde al amarillo, y la fassaíta, que es de color verde oscuro.
Usos Como componente mineral importante en la formación de rocas.
Se encuentra Por todo el mundo, en la mayor parte de las rocas ígneas básicas; aunque la ankaramita suele tener especímenes grandes de hasta 7 u 8 centímetros.

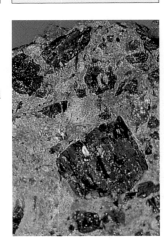

Hornablenda, $(SiAl)_8O_{22}(OH,F)_2(Mg,Fe,Al)_5(Ca,Na,K)_{2-3}$ Grupo silicatos

Dureza Escala de Mohs: 5-6	Peso específico: 3-3,5	Cristaliza en el sistema: monoclínico

Características distintivas
Mineral corriente en las rocas ígneas, donde se presenta en cristales prismáticos cortos –aunque no son raras las formas alargadas–, yendo del negro al verde oscuro. Se diferencia de la augita en la sección basal por sus dos exfoliaciones con intersección a 120 grados.
Color De negro a verde negruzco y marrón oscuro.
Brillo Vítreo, pero apagado.
Veta Incolora.
Transparencia Opaca. A veces, semitransparente.
Exfoliación Perfecta a 110. Intersección a 120 grados.
Fractura Subconcoidea.
Tenacidad Frágil.

Formas Cristales prismáticos cortos. Fibrosa, granular y maciza.
Variedades La hornablenda es el miembro más corriente de los minerales anfíboles. Entre las demás variedades del grupo están la hornablenda común, que es negra; la basáltica, que es de color verde oscuro; la riebeckita, azul oscura negruzca, y el asbesto, que es una variedad fibrosa como el lino, de varios colores.
Usos Colecciones de minerales.
Se encuentra Es un componente importante de muchas rocas ígneas. En realidad, la clasificación de estas rocas se basa en la presencia o ausencia de hornablenda. En las rocas ígneas y metamórficas del mundo entero.

Sodalita, tectosilicato de sodio, $(Al_6Si_6O_2)Na_8Cl_4$ Grupo silicatos

Dureza en la escala de Mohs: 5,5-6	Peso específico: 2,3	Cristaliza en el sistema: isométrico

Características distintivas
Se encuentra en cristales dodecaédricos color azul lavanda o en masas de lavas fonolíticas.
Color Del azul lavanda al amarillo verdoso.
Brillo Vítreo.
Veta Incolora
Transparencia De transparente a translúcida.
Exfoliación Escasa, paralela a las caras del dodecaedro.

Fractura Desigual; a veces, concoidea.
Tenacidad Frágil.
Formas Cristales dodecaédricos.
Variedades Ninguna.
Usos Colecciones de minerales.
Se encuentra Normaalmente en las rocas ígneas de grano medio y fino, como las fonolitas. En Austria, Italia, Noruega, Groenlandia, Canadá y EE.UU.

Topacio, fluosilicato de aluminio, $(SiO_4)(OH,F)_2Al_2$ Grupo silicatos

Dureza en la escala de Mohs: 8	Peso específico: 3,5-3,6	Cristaliza en el sistema: rómbico

Características distintivas
Cristales prismáticos de color ámbar pálido a transparentes con una perfecta exfoliación basal a 001. Se presenta en pegmatitas de granito junto con la turmalina, el berilo y la fluorita.

Color De amarillo miel pálido a amarillo anaranjado pálido, transparente, con toques de azul o incoloro. Se conoce una variedad de colores verde y rosa pálidos.

Brillo Vítreo.

Veta Incolora.

Transparencia De transparente a semitransparente.

Exfoliación Basal, completa a 001.

Fractura De subconcoidea a desigual.

Tenacidad Frágil.

Formas Cristales prismáticos cortos, a menudo con caras con estrías longitudinales.

Variedades Ninguna.

Usos Joyería.

Se encuentra En rocas ígneas ácidas, como el granito, donde los cristales se pueden presentar como pegmatitas o drusas. Asociada muchas veces con la fluorita, la casiterita y el berilo. Véase más abajo los países. Se encuentra mucho en depósitos fluviales como cantos rodados. El topacio color pardo-jerez se encuentra en el estado de Minas Gerais, Brasil, en forma de cristales sueltos incrustados en el barro y se puede tratar al calor para convertirlo en bonitas piedras de color rosa. También en Brasil se encuentran topacios azules y blancos, como cristales y cantos rodados. Al topacio de color azul pálido se le suele irradiar con rayos gamma para oscurecer su color y hacer de él una piedra más atractiva. En EE.UU. (especialmente en Pike's Peak, estado de Colorado) se encuentra en cristales incoloros, azul pálido, rojizos y amarillos. El topacio azul, incoloro y pardo claro se encuentra en forma de cantos rodados o como cristales en Tasmania, Queensland y Nueva Gales del Sur, Australia. Entre otros lugares, se encuentran en Alemania, los Urales en Rusia, muchos países de África, Sri Lanka, Birmania, Nigeria y Japón. También en EE.UU. (Maine, New Hampshire, Connecticut, Texas, Virginia, Utah y California). Se encuentran topacios sin calidad de piedra preciosa en Irlanda del Norte; en las montañas de Cairngorm y en el Monte de St. Michael de Escocia; en la isla

Arriba. Cristal y talla de topacio y topacio azul tratado al calor.

de Lundy, frente a la costa inglesa de Cornualles y Devon.

El topacio se suele cortar como piedras ovaladas o para colgantes (en forma de pera), usando el estilo de talla mixta. Los topacios de colores oscuros se pueden cortar en estilo trapecio. Al topacio rosa pálido se le puede poner una lámina de color rojo como fondo y engastarlo en una montura para darle la apariencia de una piedra de color más intenso.

El corindón natural y el sintético pueden tener colores parecidos al topacio, pero se pueden distinguir por sus diferentes índices de refracción.

Kornerupina, $[(SiO_4)_4 /BO_4/O,OH_2)] (Al_6Mg_4)$ Grupo silicatos

Dureza en la escala de Mohs: 6,5	Peso específico: 3,32	Cristaliza en el sistema: rómbico.

Características distintivas
Se la llama también prismatina.
Fuerte pleocroísmo.
Color Verde, verde-castaño.
Brillo Vítreo.
Veta Blanca.
Transparencia Transparente.
Exfoliación Buena.
Fractura Concoidea.
Tenacidad Frágil.
Formas Prismáticas largas.
Variedades Ninguna.
Usos En joyería.
Se encuentra En Groenlandia
hay poco y sin calidad de gema;
las piedras con calidad de gema se
encuentran en Madagascar, Sri
Lanka, Myanmar (zona de
Mogok), Kenya y Tanzania.

Mica, $(AlSi_3)O_{10}(OH,F)_2KAl_2$ Grupo silicatos

Dureza en la escala de Mohs: 2-3	Peso específico: 2,7 - 3,1	Cristaliza en el sistema: monoclínico (pseudohexagonal)

Características distintivas
Elástica, laminar, insoluble en
ácido, resistente al calor.
Color De incoloro a amarillo
pálido.
Brillo Nacarado.
Veta Blanca.

Transparencia Transparente
en láminas finas.
Exfoliación Perfecta.
Fractura Por igual.
Tenacidad Flexible.
Formas Cristaliza mal en
láminas irregulares.

Variedades Muchas,
principalmente la mica, la
moscovita blanca con potasio y la
biotita (mica negra) con hierro.
Usos Varios usos industriales.
Se encuentra En el granito
erosionado. En Alemania, Austria,
Noruega, Rusia, India y
Australia.

Vermiculita, $(Mg,Fe,Al)_3(Al,Si)_4O_{10}(OH)_2 \cdot 4H_2O$ Grupo silicatos

Dureza en la escala de Mohs: 2-3	Peso específico: 2,4-2,7	Cristaliza en el sistema: monoclínico

Características distintivas
Se dilata espectacularmente al calentarse (a unos 300 °C hasta 20 veces).
Color Miel.
Brillo Vítreo.
Veta Amarillo pálida.
Transparencia Translúcida.
Exfoliación Completa.
Fractura Desigual.
Tenacidad Frágil.
Formas Arcilla, en escamas, en agregados.
Variedades Varios tipos, parecidos a la mica.
Usos Industriales, especialmente como aislante en sustitución del asbesto.

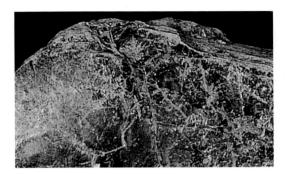

Se encuentra Se forma a partir de la alteración de la biotita y la flogopita. Los mayores yacimientos están en Sudáfrica; también en Australia, Argentina, Canadá y EE.UU.

Montmorillonita, $Si_4O_{10}(OH)_2 \cdot nH_2O(Al,Mg)(Na,Ca)_{0,3}$ Grupo silicatos (filosilicato de aluminio, magnesio y sodio)

Dureza en la escala de Mohs: 1	Peso específico: 1,2-2,7	Cristaliza en el sistema: monoclínico

Características distintivas
Componente principal del mineral arcilloso bentonita. Absorbe el agua –especialmente el agua muy alcalina– y se hincha en consecuencia. Si se la deja quieta se vuelve semisólida; pero, si se agita, se hace gel y se puede bombear.
Color Gris, beige o blanco.
Formas Microcristalina. Forma masas terrosas, grasas al tacto y que se deshacen fácilmente.
Usos La arcilla licuada se usa en la perforación de pozos de petróleo y en la industria de la construcción, por su capacidad de llevar sólidos en suspensión. También puede sellar los poros de formaciones rocosas permeables a los fluidos. La montmorillonita se usa también como medio purificador y como relleno en la fabricación de papel y caucho.

Se encuentra Se forma en ambiente hidrotérmico –donde se han alterado las cenizas volcánicas– o en ambientes sedimentarios tropicales, por alteración de los feldespatos. En grandes masas en Francia (en

Arriba. La montmorillonita que puede verse aquí se hincha rápidamente si se mete en agua. Este ejemplar es de Wyoming.

Montmorillon, de ahí su nombre), Alemania, Japón y EE.UU.

Talco, $Mg_3(OH)_2$ $[Si_4O_{10}]$ Grupo silicatos

Dureza en la escala de Mohs: 1	Peso específico: 2,58-2,83	Cristaliza en el sistema: monoclínico

Transparencia De translúcido a opaco.
Exfoliación Completa.
Fractura Desigual.
Tenacidad Maleable.
Formas Raramente en cristales; generalmente, en agregados laminares.
Variedades En forma maciza.
Usos Industriales, jaboncillo de sastre, polvos de talco.
Se encuentra Se forma por alteración de rocas dolomíticas y de rocas ígneas ultrabásicas. El mayor yacimiento de talco del mundo está en los Pirineos franceses, donde se extrae a mano talco de gran calidad, durante sólo seis meses al año. Hay yacimientos más pequeños en Austria, la India, Sudáfrica, Corea, Australia y Canadá.

Características distintivas
Mineral secundario formado por la alteración metamórfica de ciertos silicatos de magnesio.

No soluble en ácido, casi infusible.
Color Gris.
Brillo De grisáceo a nacarado.
Veta Blanca.

Bismuto (Bi) Grupo de metales y no-metales nativos *(véase abajo)*

Dureza en la escala de Mohs: 2-2,5	Peso específico: 9,7-9,83	Cristaliza en el sistema: hexagonal

Características distintivas
Este elemento nativo suele estar asociado con silicatos.
Color Gris, de varios colores.
Brillo Metálico.
Veta Gris.
Transparencia Opaco.
Exfoliación Basal perfecta.
Fractura Desigual.
Tenacidad Frágil.
Formas Raramente se presenta en cristales; en agregados muy ligeros, macizo.
Variedades La bismutina.
Usos Aleaciones, lubricantes, medicinas, cosméticos.
Se encuentra Formaciones hidrotérmicas y en las pegmatitas. En Bolivia. Se encuentra asociado con plomo, cobalto y plata en Alemania, Noruega y Canadá.

ARSENIUROS (SILICATOS)

Niquelina (AsNi) Grupo silicatos; subgrupo arseniuros

Dureza en la escala de Mohs: 5-5,5	Peso específico: 7,5-7,8	Cristaliza en el sistema: hexagonal

Características distintivas
Llamado nicolita. Muy raro en cristales. Funde desprendiendo un fuerte olor a ajos. Soluble en ácido nítrico, produciendo una solución verde.
Color Rojo cobrizo, gris, negro parduzco.
Brillo Metálico.
Veta Parda/negra.
Transparencia Opaca.
Exfoliación Desigual.
Fractura Concoidea.
Tenacidad Frágil.
Formas Maciza, reniforme, columnar.
Variedades Mispiquel, cobaltina, niquel cobaltífero.
Usos Mineral de níquel.
Se encuentra En vetas hidrotérmicas y en noritas.

Asociada con cobalto, níquel y minerales de plata. En cristales, en Alemania; en grandes masas, en Alemania, Rusia y Sudáfrica

CROMATOS (SILICATOS)

Crocoíta (CrO₄Pb) Grupo silicatos; subgrupo cromatos

Dureza en la escala de Mohs: 2,5-3	Peso específico: 5,9-6,1	Cristaliza en el sistema: monoclínico

Características distintivas
Cristales prismáticos alargados en rojo rosado; a veces, en masas.
Color De tonos de rojo rosado hasta un vivo rosa azafrán cobrizo.
Brillo De diamantino a vítreo.
Veta Naranja amarillenta.
Transparencia Transparente.
Exfoliación Marcadamente prismática, buena a 110.
Fractura Desigual, a veces concoidea.
Tenacidad Se puede cortar.

Formas Cristales prismáticos alargados. También columnar o granular.
Variedades Ninguna.
Usos Colecciones de minerales.
Se encuentra En minerales secundarios depositados por aguas mineralizadas, que pueden filtrar plomo de vetas adyacentes. En los Urales (Rusia), Rumania, Tasmania, Filipinas y EE.UU. (Arizona y California).

FELDESPATOS (SILICATOS)

Izquierda. La ortosa es uno de los feldespatos más corrientes, formando grandes masas como ésta en granitos y pegmatitas. Los pequeños cristales grises de este espécimen son de cuarzo. La palabra ortoclasa viene del griego «corte neto»: tiene una exfoliación en ángulo recto casi perfecta.

Debajo. Las piedras de luna son feldespatos. Obsérvense las grandes diferencias que produce el pulido.

Los feldespatos son una familia que abarca una amplia variedad. Los feldespatoides tienen una composición química similar, pero contienen menos silicatos. Entre ellos, los tipos de mineral más corrientes son el feldespato y los feldespatoides.

Hay dos tipos principales de feldespato: la ortoclasa u ortosa y la plagioclasa. Cada uno de ellos tiene propiedades diferentes. En cuanto al color, van del blanco lechoso hasta el rosa, el verde y casi negro, aunque la veta es siempre blanca. El granito es rico en feldespatos, que suelen presentarse en cristales bien formados y bastante grandes, con los extremos en forma de cajas de cerillas. En las pegmatitas, que frecuentemente forman venas, los cristales de feldespato suelen ser más grandes y puede haber grandes masas de feldespato ortosa color rosa. Las pegmatitas suelen contener la piedra de luna, piedra semipreciosa que tiene un brillo fantasmagórico debido a los elementos químicos que contiene. Los feldespatos también se dan en muchas rocas metamórficas, como los gneis y en un tipo de arenisca llamado arcosa.

Entre las diversas formas de feldespatos está la amazonita, una piedra de feldespato de color verde azulado, que suele presentarse en llamativos cristales. Su color se debe a unas cantidades minúsculas de agua y plomo en la estructura del mineral. La amazonita se ha usado durante miles de años en joyería y ornamentos. La labradorita es un feldespato asombroso, azul oscuro con una superficie rutilante con los colores del arco iris, que cambian cuando el mineral refracta la luz en diferentes ángulos. Este efecto se debe a los minúsculos cristales de rutilo y magnetita que hay dentro de la labradorita.

Ortoclasa, K(AlSi$_3$O$_8$) Grupo silicatos; subgrupo feldespatos

Dureza en la escala de Mohs: 6	Peso específico: 2,57	Cristaliza en el sistema: monoclínico

Características distintivas
Cristal de forma típica blanco crema moteado, con dos exfoliaciones a 90 grados.
Color Del blanco al blanco crema, que es el más abundante. A veces, rojo rosado.
Brillo De vítreo a nacarado.
Veta Blanca.
Transparencia Semitransparente; rara vez transparente.
Exfoliación Perfecta a 001; buena, a 010.
Fractura Desigual.
Tenacidad Frágil.
Formas Prismática rómbica; son corrientes los cristales dobles; también en forma maciza, granular y pseudocristalinas.
Variedades La adularia, que es una forma transparente, y la sanidina, que es una forma cristalina de alta temperatura corriente en lavas ácidas.
Usos En la fabricación de porcelana y en joyería.
Se encuentra Mineral abundante e importante en rocas ígneas ácidas, en esquistos y en gneis. En las pegmatitas graníticas se dan buenos cristales, pero especialmente en Suiza, Italia, Francia, Reino Unido, Madagascar, Sri Lanka y EE.UU.

Piedra de luna, Si$_3$O$_8$KAl Grupo silicatos; subgrupo feldespatos

Dureza en la escala de Mohs: 6-6,5	Peso específico: 2,56 - 2,62	Cristaliza en el sistema: monoclínico

Características distintivas
Es una variedad de la ortoclasa u ortosa que tiene un reflejo azul debido a la reflexión de la luz en la estructura interna de capas alternadas de albita y feldespato ortosa. Las láminas más gruesas le dan un reflejo blanco menos atractivo. Bajo longitudes de onda largas de luz ultravioleta, la luminiscencia suele ser azulada y, bajo longitudes cortas de luz ultravioleta, de color naranja pálido; con un brillo de blanquecino a violeta bajo los rayos X, lo que puede ayudar a distinguir las piedras de la luna de sus imitaciones.
Color Incoloro, amarillo, con un brillo pálido iridiscente azul o rosa.
Brillo De vítreo a sedoso.
Veta Blanca.
Transparencia Semitransparente.
Exfoliación Perfecta.
Fractura Desigual, concoidea.
Tenacidad Frágil.
Formas Maciza.
Variedades Se conoce también la piedra de luna de ojo de gato.
Usos Joyería.
Se encuentra En las pegmatitas y en placeres. La piedra de luna de Sri Lanka suele presentar una especie de listas rectas «grietas de tensión» que corren por el cristal paralelas al eje vertical y desde las cuales salen grietas laterales que parecen ir atenuándose. Pueden parecerse a los ciempiés o a otros insectos. Las piedras de luna de Sri Lanka, con un reflejo blanco o azul, se encuentran en los diques de lava o como cantos rodados en las gravas gemíferas. La piedra de luna de la India se caracteriza por las variaciones de color, del blanco al castaño rojizo, o azul ciruela e, incluso, verde. Se encuentra también en: Madagascar, Myanmar, Tanzania, Australia, Brasil y EE.UU.

Para conseguir el máximo del brillo, la piedra debe tallarse en cabujón, con la base del mismo paralela al plano de las láminas.

Las espinelas blancas sintéticas se tratan al calor para que imiten el reflejo de la piedra de luna. También la calcedonia se puede tallar en cabujón para que imite la piedra de luna y ofrezca un efecto azul de luna.

Amazonita, Si₃O₈KAl Grupo silicatos; subgrupo fesdelpatos

Dureza escala de Mohs: 6-6,5	Peso específico: 2,56-2,58	Cristaliza en el sistema: triclínico

Características distintivas
Es una variedad verde de la microclina, con una composición similar a la piedra de luna (véase página 107).
Color Verdoso.
Brillo Vítreo.
Veta Blanca.
Transparencia Translúcida, opaca.

Exfoliación Perfecta.
Fractura Desigual.
Tenacidad Frágil.
Formas Prismáticas.
Usos Joyería.
Se encuentra En rocas metamórficas, intrusivas y pegmatitas. Las piedras de mejor calidad proceden de la India; otras fuentes

son: Rusia, Madagascar, Tanzania, el desierto del Sáhara, el sur de África, Canadá y EE.UU.

Adularia, S₃O₈KAL Grupo silicatos; subgrupo feldespatos

Dureza escala de Mohs: 6	Peso específico; 2,56	Cristaliza en el sistema: monoclínico

Características distintivas
Cristales de laminares a prismáticos; de blancos a

transparentes, con aspecto nacarado. Se presenta en los esquistos cristalinos.
Color De transparente a blanco.

Brillo Nacarado.
Veta Blanca.
Transparencia De transparente a translúcida.
Exfoliación Perfecta a 001, buena a 010.
Fractura Desigual.
Tenacidad Frágil.
Formas Cristales de laminares a prismáticos, con caras alargadas a 110.
Variedades Ninguna.
Usos Colecciones de minerales.
Se encuentra La adularia es la forma más pura de la ortosa. Se encuentra en granitos, gneis graníticos y esquistos. Se presenta en drusas abiertas y vetas de pegmatita, donde se asocia con otros minerales graníticos. En Suiza, Austria e Italia.

Plagioclasa, Si$_3$O$_8$AlNa a Si$_2$O$_8$CaAl$_2$ Grupo silicatos
subgrupo feldespatos

Dureza escala de Mohs: 6	Peso específico: 2,6-2,7	Cristaliza en el sistema: triclínico

Características distintivas
Cristales de rómbicos a tabulares, de blancos a grises, en los que la cristalización doble puede aparecer como finas estrías paralelas sobre las caras del cristal. Presente en casi todas las rocas ígneas y metamórficas.
Color Del blanco al azul grisáceo o rojizo.
Brillo De vítreo a nacarado.
Veta Incolora.
Transparencia La mayor parte de las formas son translúcidas, aunque algunas son transparentes.
Exfoliación Basal perfecta en 001, 010 a 90 grados.
Fractura Desigual.
Tenacidad Frágil.
Formas Tabular.
Variedades Albita, oligoclasa, andesina, labradorita, bytownita y anortita. Una serie enorme de composiciones, desde la albita, rica en sodio, a la anortita cálcica, cuyas variedades pueden distinguirse sólo mediante pruebas especializadas.
Usos En manufactura de porcelana y en joyería.
Se encuentra Mineral abundante e importante en la composición de casi todas las rocas ígneas, pero los buenos cristales sólo se encuentran en las pegmatitas y en cavidades y vetas similares. En todo el mundo.

Piedra del sol, [(Al,Si)$_2$Si$_2$O$_8$)](Ca,Na) Grupo silicatos
subgrupo feldespatos

Dureza escala de Mohs: 6-6,5	Peso específico: 2,64	Cristaliza en en el sistema: triclínico

Características distintivas
Conocida también como feldespato venturina, la piedra del sol es un tipo de feldespato oligoclasa. Inerte bajo la luz ultravioleta muestra un brillo blanquecino si se irradia con rayos X.
Color Naranja, rojo-castaño, con un destello rojo o, más raramente, verde o azul, causado por la interferencia ante la luz de unas minúsculas hematitas o plaquitas de goetita.
Brillo Vítreo.
Veta Blanca.
Transparencia Translúcida, opaca.
Exfoliación Perfecta.
Fractura Granular.
Tenacidad Frágil.

Formas Maciza.
Usos Joyería.
Se encuentra Hay yacimientos en Noruega, Siberia, sur de la India, Madagascar, Canadá y EE.UU.
Se usa en superficies planas o tallada en cabujón.

Labradorita, NaAlSi$_3$O$_8$ al 50 por 100 y CaAl$_2$Si$_2$O$_8$ del 70 a 50 por 100 Grupo silicatos; subgrupo feldespatos

Dureza escala de Mohs: 6,3	Peso específico: 2,6	Cristaliza en el sistema: triclínico

Características distintivas
En la luz reflejada, muestra juegos de colores muy netos de tonos azulados (tornasolado), debido a las finas maclas dobles polisintéticas, que causan bandas de interferencias.
Color De gris medio a apagado.
Brillo De satinado a nacarado.
Veta Incolora.
Transparencia De translúcida a transparente.
Exfoliación Basal perfecta a 001.
Fractura Desigual, a veces concoidea.
Tenacidad Frágil.
Formas Principalmente, granular, con cristales grandes.
Variedades Es un miembro de la numerosa serie de feldespatos de plagioclasa.
Usos En la construcción ornamental, cuando se presenta como roca de un solo mineral.
Se encuentra
Principalmente, en rocas ígneas de básicas a intermedias, como la norita, dolerita, gabro, andesita y basalto. Se presenta asociada con la augita y la hornablenda. En todo el mundo, pero especialmente en Escandinavia, Italia, Rumania, Groenlandia, Canadá y EE.UU.

BERILO (SILICATOS)

Este vistoso mineral es muy conocido por sus preciosos cristales transparentes y coloreados. Éstos son largos y de seis lados y terminan a veces en troncos de pirámide. El berilo varía de color, desde el verde vivo (esmeralda) al azul verdoso (aguamarina), amarillo (heliodoro) y rosa (morganita). Tiene una veta blanca. Los cristales tienen a veces unos surcos finos (estrías) que los recorren. En Colombia se han encontrado cristales hasta más de 5 metros de largo. Un espécimen gigantesco de Madagascar pesó 36 toneladas.

La esmeralda es berilo verde y ya se extraía de las minas de México por los aztecas y de Perú por los incas hace más de 500 años. Mucho antes de esto, tanto la civilización romana como la griega usaron el berilo en la decoración y, en Egipto, la esmeralda se extraía de las minas ya hace 3.500 años. Se dice que Cleopatra tenía una esmeralda con su retrato grabado en ella.

El berilo se encuentra en una gran variedad de rocas, especialmente en las rocas ígneas de granito y en las pegmatitas.

También se presenta en los esquistos metamórficos y en los gneis, especialmente en unas cavidades llamadas drusas, junto con otros cristales.

Abajo. Una variedad de berilo muy pálida; este cristal se encontró en África.

Esmeralda, Si$_6$O$_{18}$Al$_2$Be$_3$ Grupo silicatos; subgrupo berilo

Dureza escala de Mohs: 7,5	Peso específico: 2,71	Cristaliza en el sistema: hexagonal

La esmeralda es la variedad más conocida del berilo y es de color verde. El color se debe a impurezas de óxido de cromo y de algo de hierro. El nombre de esmeralda se deriva del griego *smaragdus*, que a su vez se derivaba de una palabra persa que significaba mineral verde. Las minas de esmeraldas de Cleopatra, en Egipto, se remontan a unos 2000 años a.C. y fueron el origen de la mayoría de las esmeraldas usadas en la joyería antigua.

Cristaliza en prismas hexagonales, con dos terminaciones planas. A veces, unos pequeños biseles en las caras piramidales sirven de unión entre la cara plana (basal) y las caras del prisma. Tienen poca exfoliación paralela al plano basal. El brillo es vítreo.

La esmeralda tiene un neto dicroísmo de verde azulado y verde amarillento. La mayor parte de las esmeraldas muestran un brillo rojo a través del filtro Chelsea de color. En las piedras de Sudáfrica y de la India esta fluorescencia está apagada por la presencia de hierro y pueden verse verdes a través del filtro.

Las esmeraldas más finas del mundo son las de las minas de Chivor y Muzo, en Colombia. Las piedras de Chivor suelen mostrar un rojo intenso bajo el filtro Chelsea de color y un rojo fluorescente a la luz ultravioleta. En las minas de Muzo se hallan preciosas esmeraldas de un verde amarillento, con impurezas trifásicas. El color de la esmeralda y las impurezas que contiene pueden dar pistas sobre su origen. Las esmeraldas de las regiones del Brasil son de un color verde amarillento pálido y están coloreadas de cromo, pero pueden contener impurezas bifásicas. En la región rusa de Ekaterinenburgo se encuentran esmeraldas, pero las piedras más grandes suelen estar empañadas. Las esmeraldas de Australia son pálidas y con impurezas. Los cristales más grandes de esmeralda que se encuentran en Sudáfrica también suelen estar empañados y con impurezas. Las esmeraldas de Zimbabwe tienen un color verde soberbio, normalmente tienen franjas e impurezas de agujas o bastoncillos de tremolita. Las esmeraldas indias varían en calidad y tienen las características inclusiones del tipo «coma».

Entre otros lugares se encuentran en la región de Habachtal, en Austria, Noruega, Pakistán, Tanzania, Zambia y EE.UU.

Las esmeraldas de mejor calidad se tallan con talla escalonada, estilo que se llama también talla esmeralda. La esmeralda con imperfecciones pero con un buen color, se puede grabar. Las esmeraldas imperfectas de poca calidad se tallan en cabujón o como abalorios. Casi todas las esmeraldas son aceitadas para rellenar las grietas y mejorar su aspecto.

Para imitar la esmeralda se usan amalgamas tales como dobletes con la parte de arriba de granate, esmeraldas «soldadas» y piedras compuestas de cuarzo, espinela o cristales. Las esmeraldas pálidas a veces se pintan o azogan por detrás para mejorar el color. Al cuarzo cuarteado teñido de verde se le suele llamar «esmeralda india». La mayor parte de las imitaciones de esmeralda se ven verdes a través del filtro Chelsea de color.

Las esmeraldas sintéticas se produjeron por primera vez un poco antes de la Segunda Guerra Mundial y, desde entonces, se han fabricado en cantidades comerciales en EE.UU y en otros lugares. Las esmeraldas sintéticas más antiguas, al filtro Chelsea de color, presentan un color rojo que es mucho más vivo que el de la esmeralda auténtica.

Aguamarina, $Si_6O_{18}Be_3Al_2$ Grupo silicatos; subgrupo berilo

Dureza en la escala de Mohs: 7,5	Peso específico: 2,69	Cristaliza en el sistema: hexagonal

El aguamarina es una variedad azul verdosa del berilo. La de mejor calidad tiene un color azul celeste. El nombre de aguamarina viene de agua de mar.

Los cristales hexagonales de aguamarina suelen ser grandes y sin imperfecciones. Pueden presentarse estriados, formando como un cilindro nervado y afilado, debido a la erosión. El brillo es vítreo y tiene una débil exfoliación basal.

El aguamarina es dicroica, mostrándose incolora y de color azul intenso. Absorbe poco el espectro y no tiene luminiscencia. A través del filtro Chelsea de color, se ve un color intenso azul verdoso. Algunas aguamarinas, al tallarlas en cabujón, presentan un tornasolado (el efecto ojo de gato).

La zona de mayor calidad de las gemas de aguamarina es Minas Gerais (Brasil), donde la erosión desprende los cristales de los filones pegmatíticos, que se encuentran después en depósitos fluviales en una capa de gravilla marrón llamada *cascalho*. También son famosos por sus aguamarinas los Urales, en Rusia. Se ha dicho que en la isla de Madagascar hay 50 yacimientos de berilo y con él, de aguamarinas. Se encuentran aguamarinas en Myanmar, pero no son corrientes en Sri Lanka. Entre otros lugares, están Irlanda del Norte, Noruega, Namibia, Tanzania, Zimbabwe, India, China, Argentina y EE.UU.

Los tallistas suelen tallar el aguamarina con talla escalonada o esmeralda, debido a su color pálido. Se deja el tamaño de la piedra lo bastante grande como para darle un color bastante intenso y la faceta de tabla se

corta en paralelo a lo largo de los cristales prismáticos para conseguir el máximo del color.

Se imita el aguamarina con la espinela sintética coloreada con cobalto. Se puede reconocer la imitación porque muestra un color rojo vivo a través del filtro Chelsea de color, en lugar de verde. Los cristales azul pálido que imitan el

El topacio puede parecerse al aguamarina, pero en el refractómetro se puede ver que el índice de refracción es más alto en el topacio.

aguamarina se reconocen fácilmente, porque tienen una sola refracción, cuando el aguamarina es de doble refracción.

Morganita, $Si_6O_{18}Be_3Al_2$ Grupo silicatos; subgrupo berilo

Dureza en la Escala de Mohs: 7,5	Peso específico: 2,8	Cristaliza en el sistema: hexagonal

Los colores rosado, rosa y melocotón de la morganita se deben al manganeso. La morganita se trata al calor para quitarle cualquier matiz de amarillo y resaltar así el color. Debe su nombre a J. P. Morgan, un banquero americano entusiasta de las gemas. La morganita suele encontrarse en prismas tabulares. Es dicroica, siendo sus dos colores el rosado y un rosa azulado. No ofrece la característica absorción del espectro y bajo los rayos ultravioleta, la luminiscencia es débil. Bajo los rayos X, muestra un destello rojo intenso.

En Minas Gerais (Brasil) se encuentra una morganita rosa pura y también en Madagascar. En los alrededores de San Diego (California) se encuentra un berilo de color rosa pálido.

También hay yacimientos en Mozambique, Namibia y Zimbabwe.

La morganita suele trabajarse en piedras escalonadas (talla esmeralda) para rezalzar su color.

Se imita la morganita con el topacio rosa, la kunzita, el zafiro rosa natural y sintético y la espinela. También se hacen en color rosa los dobletes y pastas rematados de granate.

Heliodoro, $Si_6O_{18}Be_3Al_2$ Grupo silicatos; subgrupo berilo

Dureza en la escala de Mohs, 7,5	Peso específico, 2,68	Cristaliza en el sistema: hexagonal

El heliodoro varía de color, desde el amarillo pálido al dorado intenso. El nombre del heliodoro se deriva del griego, que significa sol y don o regalo. Sus propiedades físicas son como las del aguamarina. La absorción del espectro es débil y la presencia de hierro, que intensifica el color amarillo dorado, apaga la luminiscencia. A pesar de que muchos heliodoros, morganitas y aguamarinas son perfectos, se dan impurezas en forma de rayas finas y paralelas que reducen la transparencia y el brillo.

Se encuentran berilos amarillos en todos los lugares en que se encuentran las aguamarinas,

especialmente en Madagascar, Brasil y Namibia. La talla esmeralda es el corte más habitual

para los berilos amarillos, debido a que necesitan profundidad para que el color se intensifique.

Bixbita, $Si_6O_{18}Be_3Al_2$ Grupo silicatos; subgrupo berilo

Dureza en la Escala de Mohs: 7,5-8	Peso específico: 2,65-2,75	Cristaliza en el sistema: hexagonal

Debido a su rareza, a su color característico y a la publicidad que ha rodeado su reciente descubrimiento, la bixbita –conocida también como berilo rojo– tiene un valor relativamente alto como piedra semipreciosa. A pesar de su alto precio de mercado, la bixbita todavía no se ha imitado comercialmente. Al contrario que los demás cristales del grupo del berilo, que se encuentran en los filones pegmatíticos o cerca de ellos, las bixbitas se encuentran en las rocas volcánicas efusivas de riolita.

La bixbita tiene un tono intenso rojo rubí, violeta o rojo fresa. Los cristales, que suelen ser pequeños, contienen siempre muchas inclusiones y también imperfecciones internas, más frecuentes que raras.

Los cristales de bixbita sólo se encuentran en EE.UU.

Otras variedades de berilo

El berilo pardo oscuro tiene un lustre bronceado, que se debe a las inclusiones de un mineral: la ilmenita. Al tallarlo en cabujón, se observa una estrella. Este tipo de berilo se encuentra en Minas Gerais, Brasil.

Otras variedades pueden prestarse fácilmente a la confusión debido a que los gemólogos y los mineralogistas lo enfocan de distinta forma. Todos los berilos tienen la misma composición química y, en consecuencia, para los mineralogistas son iguales. Sin embargo, dado que varían los colores y la birrefringencia (la diferencia entre los índices de refracción de una gema de doble refracción, como el berilo), las diferencias entre los berilos son importantes para los joyeros, que suelen hacer otro tipo de clasificaciones, básicamente por su color.

TURMALINAS (SILICATOS)

Este mineral tiene una gama más amplia de colores que la de cualquier otra gema y muchos de los diferentes tipos de color tienen sus propios nombres. El filósofo del siglo XIX Ruskin describió la química de la turmalina «más como la receta de un médico medieval que como la fórmula de un mineral respetable». Entre sus variedades, están la roja y la rosa (rubelita), la azul (indicolita), la verde esmeralda (esmeralda del Brasil), la incolora (acroíta), la marrón (dravita), la violeta (siberita), la amarilla, la verde y la negra (chorlo). La turmalina puede tener dos colores en una sola piedra. Se llama «sandía» a un tipo de turmalina con el centro rosa y el resto verde.

Los cristales suelen ser prismas finos y largos, estriados en vertical. Muestran una sección triangular redondeada cuando se miran a lo largo. Las terminaciones de los extremos de cada cristal tienen distinta forma. La turmalina tiene una fractura desigual y muy poca exfoliación. El brillo es vítreo y la transparencia varía de transparente a opaca. Los índices de refracción son diferentes para cada color. La birrefringencia es alta y puede notarse el duplicado de las facetas traseras en las piedras talladas. El dicroísmo se aprecia más en las piedras más oscuras con dos tonos de color del cuerpo. La absorción del espectro suele ser demasiado débil como para que pueda usarse para identificarlas y la luminiscencia no es inconfundible. Las inclusiones son manchas negras o cavidades filiformes rellenas de fluido, que a veces se pueden

tallar en cabujón para dar el efecto de ojo de gato.

Cuando se somete al calor una turmalina, aparte de las variedades negras y las de colores oscuros ricas en hierro, queda cargada eléctricamente. Un extremo del cristal resulta cargado de electricidad positiva y el otro de electricidad negativa, con lo que el cristal puede atraer trocitos de papel o de polvo hacia un extremo. Como la turmalina atrae el polvo, en el escaparate de un joyero se verá cubierta de polvo antes que las demás piedras. Cuando se la comprime, también se carga eléctricamente. Esta propiedad se utiliza en algunos instrumentos de detección de profundidad.

En los montes Urales hay muchas turmalinas con calidad de gema. Son azules o rojas. En Madagascar, hay muchas

turmalinas con calidad de gema. Las variedades rojas son las más conocidas y las incoloras, las más raras. Sri Lanka tiene turmalinas de colores amarillo y pardo, que se encuentran en yacimientos aluviales. En Myanmar se encuentra la turmalina roja. La turmalina del Brasil es verde, azul o roja y hay muchos cristales coloreados por zonas. En Tanzania se han encontrado cristales de turmalina verde vivo, coloreados por el cromo.

Para dar mayor vistosidad a la turmalina se usa la talla mixta (la culata en escalón y la corona en brillante). La talla trapecio es la más utilizada en el mineral. La turmalina con imperfecciones se usa para hacer abalorios y también se pueden hacer con ella pequeñas estatuillas. Las turmalinas chorlo negras (*esciorlita*) se han utilizado para la joyería «de luto».

Turmalina, $(OH,F)_4Na(Mg,Fe,Mn,Li,Al)_3Al(Si_6O_{18})(BO_3)_3$
Grupo silicatos

Dureza en la escala de Mohs. 7-7,5	Peso específico: 3,02-3,26	Cristaliza en el sistema: hexagonal.

Características distintivas
Cristales prismáticos, alargados, bien estriados, en rocas graníticas y pegmatíticas. Variedad de color.
Color Principalmente, negro; pero también pardo oscuro, violeta, verde y rosa; algunas variedades son bicolores, en rojo rosáceo y verde.
Brillo Vítreo; a veces, resinoso.
Veta Incolora.
Transparencia De transparente a opaca.
Exfoliación Escasa en todas.
Fractura Concoidea mal definida, desigual.
Tenacidad Frágil.

Formas Prismas alargados aciculares y paralelos; a veces, radiantes. También maciza y como granos dispersos en rocas graníticas.
Variedades Véase pág. 117.
Usos En joyería.
Se encuentra En esquistos, pegmatitas, granitos y gneis, donde han cristalizado a partir de fluidos y gases mineralizados en épocas recientes. Se encuentran en los Urales, Alemania, Groenlandia, República Checa, Suiza, Reino Unido, Sri Lanka, Brasil, Sudáfrica, Madagascar, Zimbabwe, Mozambique, Kenya, Birmania y EE.UU.

Variedades

Rubelita

Dravita

Indicolita

Turmalina verde

GRANATES (SILICATOS)

El granate es el nombre de un grupo de silicatos con cantidades variables de magnesio, hierro o calcio. Los granates pueden dividirse en dos series: la serie del piropo-almandina y la serie de la uvarovita-grosularita-andralita. Dentro de cada una de estas series hay un cambio continuo en las características físicas y ópticas de un extremo al otro.

Granate, $Si_3O_{12}XAl_2$ (donde X= $Ca_3,Mg_3,Fe_3,Mn_3,Fe_2,Cr_2$)
Grupo silicatos; subgrupo granate

Dureza en la escala de Mohs: 6,5-7,2	Peso específico: 3-4	Cristaliza en el sistema: cúbico

Características distintivas Forma del cristal, color, rocas asociadas.
Color Del rojo oscuro al rojo amarillento, pasando por el negro o el verde vivo u oscuro.
Brillo De resinoso a vítreo.
Veta Blanca.
Transparencia De transparente o translúcido a opaco.
Exfoliación Ninguna.
Fractura Desigual y, a veces, subconcoidea.
Tenacidad Frágil.

Formas Dodecaédricas y trapezoidales.
Variedades La grosularia, que va del verde pálido al pardo oscuro, pasando por el ámbar; el piropo, que va del rojo sangre al negro; la almandina, que va del rojo pardusco al negro; la espesartina, del rojo oscuro al rojo pardusco; la andradita, que tiene matices de rojo, amarillo, verde, pardo y negro; y la uvarovita (que es rara), verde esmeralda.
Usos Joyería.

Se encuentra En muchas rocas; algunos de los mejores cristales proceden de esquistos, serpentinas y calizas metamórficas, gneis y granitos pegmatíticos. La grosularia es muy corriente en esquistos y calizas metamórficas; el piropo, en Sudáfrica; la almandina en EE.UU. (estado de Nueva York); la espesartina en Alemania e Italia; la andradita, en Suecia, Alemania, los Urales y EE.UU.; la uvarovita en los Urales, Canadá, España, Escandinavia y el oeste de África.

Granate grosularia, (SiO$_4$)$_3$Ca$_3$Al$_2$ Grupo silicatos; subgrupo granate

Dureza en la escala de Mohs: 7-7,5	Peso específico: 3,65	Cristaliza en el sistema: cúbico

anaranjado, con inclusiones que parecen espirales. La grosularia pura es incolora. El «jade del Transvaal» es una variedad maciza procedente de Sudáfrica y puede ser verde, gris, azul o rosa.

Usos Joyería.

Se encuentra Se da en gran variedad de rocas metamórficas, aunque más corrientemente en el mármol. La hesonita se encuentra en las gravas gemíferas de Sri Lanka y en Rusia, Brasil, Canadá y EE.UU. El granate grosular verde se da en Tanzania y en Kenya y se le ha llamado «zarvorita».

Los granates grosularia pueden tallarse en facetas o cortarse en cabujón. El «jade del Transvaal», que contiene motas de magnetita, es una piedra muy atractiva para hacer estatuillas.

Características distintivas Inatacable por los ácidos.

Color Verde, verde amarillento, amarillo, pardo, rojo, naranja, pardo rojizo, rosa, blanco, gris, negro.

Brillo Vítreo o resinoso.

Veta Blanca.

Transparencia De transparente a casi opaco.

Exfoliación Ninguna.

Fractura De desigual a concoidea.

Tenacidad Frágil.

Formas Cristales dodecaédricos o trapezoidales; también granular, compacta o maciza.

Variedades La hesonita es de color pardo amarillento a rojo

Andradita, (SiO$_4$)$_3$Ca$_3$Al$_2$ Grupo silicatos; subgrupo granate

Dureza en la escala de Mohs: 6,5	Peso específico: 3,85	Cristaliza en el sistema: cúbico

La andradita tiene dos variedades que se han usado en joyería. Una es la melanita negra, opaca, que se ha usado popularmente como joyería «de luto». La otra es el granate diamantoide verde, cuyo color procede de la presencia del cromo. Los cristales de melanita suelen ser dodecaédricos o icosaédricos o una mezcla de ambos.

El diamantoide es una variedad rara de la andradita. Tiene una dispersión mayor que el diamante, pero el vivo color verde enmascara esta propiedad. Es relativamente blando y por eso no suele usarse en joyería. El granate diamantoide se ve rojo a través del filtro Chelsea de color y tiene una característica absorción del

espectro con una fuerte banda en el rojo, que se debe al hierro. No se altera a la luz ultravioleta ni a los rayos X. Las inclusiones son grupos de fibras de asbesto radiantes, con aspecto de «colas de caballo». El diamantoide es el único mineral verde que tiene estas colas de caballo.

En los montes Urales están los principales yacimientos de diamantoides con calidad de gema. También se encuentran en Zaire y Corea. La melanita se encuentra en Italia y en los Altos Pirineos, en Francia. La topazolita es el nombre que se da al granate andradita amarillo.

El granate andradita se talla en facetas para usarse en joyería.

Almandina, $(SiO_4)_3Ca_3Al_2$ Grupo silicatos; subgrupo granate

Dureza en la escala de Mohs: 6,5-7,5	Peso específico: 3,95-4,2	Cristaliza en el sistema: cúbico

Los cristales de almandina, brillantemente coloreados, que están exentos de impurezas y de grietas internas, se tallan a veces como gemas. La almandina se suele triturar y se usa como abrasivo de dureza media para satinar papel y tejidos. Los cristales de almandina, que suelen estar bien formados, son corrientes en ambientes metamórficos de contacto o en rocas metamórficas de grado medio.

Los cristales de almandina son de color rojo, pero a veces tienen un tinte rojo violáceo intenso. Aunque los cristales tallados tienen un brillo luminoso, suele fallar su transparencia, incluso en las piedras transparentes, por una intensidad de color excesiva. En un intento de hacer más clara la

Arriba. El color muy oscuro de esta muestra de almandina, procedente de EE.UU., es típico en estos cristales.

piedra, a veces se hace un hueco en la parte trasera de la gema. Al contrario que en los rubíes, el color rojo intenso no se atenúa a la luz natural. El cristal se astilla y se funde fácilmente, pero es inatacable por los ácidos.

La almandina se encuentra en grandes cantidades en depósitos arenosos en Sri Lanka y, en menor número, en la República Checa, Noruega, Afganistán, la India, Madagascar, Tanzania, Brasil, Groenlandia y EE.UU.

Rodolita, $(SiO_4)_3Ca_3Al_2$ Grupo silicatos; subgrupo granate

Dureza en la escala de Mohs: 6,5-7,5	Peso específico: 3,74-3,94	Cristaliza en el sistema: cúbico

La rodolita no es el más corriente de los granates rojos, pero es el más valioso. Se forma en rocas plutónicas y ferromagnéticas; pero, dada su resistencia a la erosión, los cristales suelen encontrarse en depósitos secundarios de aluvión o en rocas arenosas.

El nombre de rodolita se deriva de las palabras griegas *rhodon*, que significa color rosa, y de *lithos*, piedra. El propio cristal puede variar del color rojo rosado al rojo rosa y al violeta pálido. El cristal tallado tiene mucho brillo y una buena transparencia. La rodolita se distingue de otros cristales de color parecido del grupo del corindón por su falta de pleocroísmo o de fluorescencia.

Se encuentran cristales de rodolita en Sri Lanka, Tanzania, Zambia, Zimbabwe, Brasil y EE.UU. (Carolina del Norte).

Arriba. En este ejemplar de rodolita de EE.UU. se ve el fuerte brillo de estas gemas.

Espesartina, $(SiO_4)_3Ca_3Al_2$ Grupo silicatos; subgrupo granate

Dureza en la escala de Mohs: 7	Peso específico: 4,16	Cristaliza en el sistema: cúbico

El nombre se deriva de la zona alemana de Spessart, donde se descubrieron estos cristales en su día. Los petrólogos se refieren a la propia roca como espesartita, pero a las piedras las llaman espesartinas.

Los granates de espesartina son de color rosa anaranjado, rojo anaranjado, rojo pardusco o amarillo pardusco. Tienen una absorción del espectro característica, que se debe en parte a la presencia de manganeso. La espesartina es inerte a la luz ultravioleta y a los rayos X. Tiene unas inclusiones características en forma de encaje o de pluma, que sólo pueden ser detectadas por los expertos. El granate hesonita tiene un color similar pero tiene unas inclusiones diferentes que le dan un aspecto meloso.

Son raros los ejemplares con calidad de gema. La mayor parte de los cristales que se encuentran en Alemania y en Italia son demasiado pequeños para poderlos usar en joyería; pero hay buenos ejemplares en Australia, Myanmar, Madagascar, Noruega y EE.UU. En Brasil se encuentran algunas espesartinas con calidad de gema, pero son demasiado oscuras para usarse en joyería. La espesartina puede tallarse en facetas o en cabujón.

Uvarovita, $(SiO_4)Ca_3Al_2$ Grupo silicatos; subgrupo granate

Dureza en la escala de Mohs: 6,5-7,2	Peso específico: 3-4	Cristaliza en el sistema: cúbico

Características distintivas Forma del cristal, color, rocas asociadas.
Color Verde esmeralda.
Brillo De resinoso a vítreo.
Veta Blanca.
Transparencia De transparente a translúcida u opaca.

Exfoliación Ninguna.
Fractura Desigual y, a veces, concoidea.
Tenacidad Frágil.
Formas Dodecaédrica y trapezoidal.
Usos En joyería.
Se encuentra En España, Escandinavia, los Urales (Rusia),

oeste de África y Canadá (Quebec).

Piropo, (SiO$_4$)$_3$Ca$_3$Al$_2$ Grupo silicatos; subgrupo granate

Dureza en la escala de Mohs: 7-7,5	Peso específico: 3,7-3,9	Cristaliza en el sistema: cúbico

El piropo debe su nombre a la palabra griega *pryropos*, que significa ardiente. También se le conoce como rubí del Cabo. Es una piedra semipreciosa relativamente valiosa, siendo los cristales oscuros los más corrientes.

El piropo suele ser rojo. Debe su color al hierro y, a veces, al cromo. No es fluorescente a la luz ultravioleta, debido a su contenido de hierro; pero la espinela roja, que es parecida, sí lo es. El piropo es moderadamente magnético y también esto puede servir para distinguirlo de la espinela roja. El espectro de absorción del piropo se caracteriza por tres bandas oscuras. Las piedras color rojo vivo de la República Checa, Kimberley (Sudáfrica) y Arizona tienen el espectro típico del cromo con un doblete estrecho en el rojo y una banda ancha. El piropo raramente contiene impurezas. Cuando las tiene, generalmente son pequeños cristales redondeados de contornos irregulares.

El piropo de la República Checa se encuentra en conglomerados, rocas volcánicas y

en diversos tipos de depósitos aluviales, pero raramente se trata de buenos cristales. La mayor parte de los piropos que se utilizan actualmente se encuentran en las minas de diamantes de Sudáfrica. También es de buena calidad el piropo ruso. Myanmar, Tanzania, Australia, Argentina y Brasil son países en los que se encuentra.

Arriba Cristales de piropo con calidad de gema, procedentes de depósitos aluviales de la República Checa.

La mayor parte de los piropos se tallan en facetas para usarlos en joyería. Fue una piedra que estuvo muy de moda en el siglo XIX.

CUARZO (SILICATOS)

El cuarzo es uno de los minerales más corrientes, encontrándose en muchas rocas. Los cristales grises brillantes de las rocas graníticas son cuarzo. También lo son los granos de la arenisca. La metacuarcita es cuarzo casi en su totalidad. Debido a su dureza, el cuarzo se va quedando en las gravillas fluviales y en las playas de guijarros. Hay que buscar guijarros en blanco lechoso o vítreos, que no se puedan rayar con la hoja de un cuchillo.

Los cristales de cuarzo son corrientes y de forma hexagonal, a veces con una terminación piramidal. Se encuentran en las cavidades de las rocas, especialmente donde hay fallas o vetas de mineral. Los cristales van creciendo en los agujeros de las rocas. Los más grandes se suelen encontrar en las cavidades de las rocas volcánicas, como las de lava y basalto. Algunas clases de cuarzo, como el cristal de roca, son tan transparentes como el agua. Otros están coloreados por diferentes minerales: con pequeñas cantidades de hierro, se forma la amatista púrpura, y muy pequeñas cantidades de manganeso o titanio le dan el rosado al cuarzo rosa. Cualquiera que sea su color, la veta de un cuarzo es siempre blanca.

Propiedades eléctricas del cuarzo

El cuarzo presenta un efecto piezoeléctrico, lo que significa que se puede inducir una carga eléctrica en el cristal comprimiéndolo en determinadas direcciones. En 1922, W. G. Cady descubrió que, haciendo vibrar los cristales por medio de la electricidad, se podían usar como medio de medir y controlar las frecuencias de las ondas de radio. Desde entonces, a esta propiedad se le han encontrado muchos usos, entre ellos el uso del cuarzo en los relojes, en instrumentos de detección y señales subacuáticas y como lentes de microscopios, que también aprovechan la ventaja de que el cuarzo es transparente a los rayos ultravioleta.

Arriba. El cuarzo se encuentra en las regiones montañosas, donde las rocas metamórficas duras pueden tener vetas cristalinas de cuarzo que las recorren.

Izquierda. Los granos redondeados que se ven en este trozo de piedra arenisca son cuarzo: éste forma parte de la estructura de la roca en un 80 por 100. En origen, el cuarzo se formó en otra clase de rocas, como las graníticas, desprendiéndose después por la lluvia y el hielo y siendo arrastrado por el viento hasta depositarse como capas de arena.

Cuarzo, SiO$_2$ Grupo silicatos; subgrupo cuarzo

Dureza en la Escala de Mohs: 7	Peso específico: 2,65-2,66	Cristaliza en el sistema: hexagonal

Características distintivas
La forma, su asociación con rocas, la dureza.
Color Incoloro cuando es puro; cuando no lo es, blanco, amarillo, rojo, pardo, verde, azul y negro.
Brillo Vítreo.
Veta Blanca.
Transparencia De transparente a opaco.
Exfoliación No se ha visto.
Fractura Concoidea.
Tenacidad Frágil.
Formas Prismática y rematada en romboedros.
Variedades El cristal de roca, que es transparente y cristalino; la amatista, es de color violeta; el cuarzo rosado, es rosa; el cetrino, es amarillo; al ahumado, es pardo oscuro; la calcedonia, es cerúlea; el cuarzo plasio, es verde puerro; el ágata, que tiene franjas de colores; el pedernal, es opaco y negro pardusco, y el jaspe, que puede ser de varios colores.
Usos Manufactura de cristal y porcelana, usos ornamentales, joyería, abrasivos, arena de mezcla de argamasa en la construcción.
Se encuentra En todo el mundo, principalmente en forma de arena. El cuarzo ahumado se encuentra principalmente en los Alpes suizos; la amatista, en los Alpes, Brasil y EE.UU.

Arriba. Éste es un cristal insólitamente grande de cuarzo ahumado, de más de 8 cm de largo, encontrado en las montañas de Escocia. Estos cristales tan grandes únicamente pueden formarse en rocas con grandes cavidades internas.

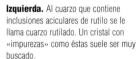

Izquierda. Al cuarzo que contiene inclusiones aciculares de rutilo se le llama cuarzo rutilado. Un cristal con «impurezas» como éstas suele ser muy buscado.

Arriba. Muchos tipos de cuarzo, entre ellos la amatista, el cristal de roca y las piedras de cuarzo ahumado, se usan en joyería.

Cristal de roca, SiO$_2$ Grupo silicatos; subgrupo cuarzo

Dureza en la escala de Mohs: 7	Peso específico: 2,65	Cristaliza en el sistema: trigonal

El nombre de cuarzo se deriva de la palabra equivalente a hielo, ya que en la antigüedad se creía que sus cristales se habían congelado para siempre por un proceso de frío extremado. Aunque bastante corriente, el cristal de roca, también conocido como cuarzo incoloro, a veces se talla para hacer *objets d'art* o se utiliza en joyería. En tiempos pasados se utilizó con fines ópticos y piezoeléctricos; en la

Izquierda. Un cristal de roca en el que se ve un cristal «fantasma» interno.

actualidad, se utilizan para estos fines generalmente los cristales sintéticos. El cristal de roca cristaliza directamente a partir del magma, en las pegmatitas y en zonas hidrotérmicas de bajas temperaturas.

El cristal de roca es incoloro, transparente y –al contrario que el cristal– es birrefringente. Se distingue del cristal ordinario por la ausencia de burbujas de aire y del cristal de plomo, por su dureza (7 en vez de 5).

El cuarzo es uno de los minerales más abundantes en la corteza terrestre (12 por 100 de su volumen). Brasil ha producido algunos cristales espectaculares, cuyo peso ha pasado de las 4 toneladas.

Citrina, SiO$_2$ Grupo silicatos; subgrupo cuarzo

Dureza en la escala de Mohs: 7	Peso específico: 2,65	Cristaliza en el sistema: trigonal

Izquierda. Esta citrina es una amatista tratada al calor, de una mina del Brasil.

El color característico de la citrina se debe a la presencia de hierro y varía desde el amarillo puro al apagado y del color miel al amarillo pardusco. La citrina es dicroica pero carece de la característica absorción de espectro o fluorescencia. Si se tratan al calor, los cristales se volverán blancos y, expuestos a los rayos X, de color marrón oscuro. Lo mismo que las amatistas, las citrinas a veces están coloreadas por zonas. Los cristales tallados tienen un buen brillo. Los cristales de citrina más grandes tienen forma prismática con un remate piramidal. La citrina es poco abundante. Las citrinas transparentes finas se tallan en facetas, mientras que las restantes se tallan en cabujón. La citrina nativa amarilla es rara y las piedras que se encuentran en el comercio son amatistas tratadas al calor. Algunas piedras tratadas al calor tienen un color rojo y no presentan pleocroísmo. La citrina se utiliza para imitar al topacio.

Amatista, SiO$_2$ Grupo silicatos; subgrupo cuarzo

Dureza en la escala de Mohs: 7	Peso específico: 2,65	Cristaliza en el sistema: trigonal

El color de la amatista varía del violeta pálido al púrpura oscuro y puede presentarse coloreada por zonas, con cuarzo transparente o amarillo. Las puntas de los cristales suelen ser más oscuras y puede degradarse hasta el cuarzo incoloro. La amatista se encuentran «forrando» agujeros en las cavidades de las rocas.

La amatista cambia de color si se trata al calor y las piedras de distintos lugares muestran distintos cambios de colores: pardo, amarillo y, a veces, verde. Sin embargo, estos cambios son imprevisibles y el color puede atenuarse. La amatista tiene un dicroísmo característico, mostrando un púrpura azulado y un púrpura rojizo. Esto la diferencia de otras piedras tratadas al calor que no presentan ningún dicroísmo. La amatista no tiene una absorción del espectro característica. Las inclusiones suelen ser peniformes o pueden

parecerse a una huella dactilar o al rayado del tigre.

La principal fuente de amatistas de tono rojizo son los Urales. También en Alemania, Namibia,

oeste de Australia y Zambia. Las amatistas brasileñas y uruguayas se encuentran en las cavidades de las rocas ígneas. Se encuentran amatistas en muchos estados de EE.UU. En Canadá, hay amatistas de color violeta, y en el Dekán (India) hay muchas geodas que contienen amatistas. De las gravillas de gemas de Sri Lanka proceden amatistas de buena calidad.

Los cristales de amatista se tallan en estilo mixto y con frecuencia también se hacen abalorios con ellas. El corindón y el cristal sintéticos pueden hacerse con un color que imite a la amatista. Las amatistas pálidas a veces se engastan en una montura, con la piedra azogada o pintada por detrás para intensificar el color.

Abajo. Estas amatistas brasileñas se han formado dentro de una geoda, un lugar de formación corriente para estos cristales.

Cuarzo pardo, SiO$_2$ Grupo silicatos; subgrupo cuarzo

Dureza en la escala de Mohs: 7	Peso específico: 2,65	Cristaliza en el sistema: trigonal

El color del cuarzo pardo varía desde el pardo-amarillo del *cairngorm*, llamado así por los montes Cairngorm de las Tierras Altas de Escocia, hasta el cuarzo casi negro, llamado a veces morrión. Este último puede tratarse al calor para atenuar su color y convertirla en una piedra más atractiva.

El cuarzo pardo se encuentra en prismas hexagonales. Carece de la característica absorción del espectro o de luminiscencia bajo la luz ultravioleta o los rayos X. El cuarzo pardo puede contener inclusiones de mineral rutilo (óxido de titanio). Son cristales largos aciculados que pueden verse fácilmente sin aumento. Las inclusiones o impurezas pueden aumentar la belleza e interés de la piedra.

Los principales yacimientos de cuarzo pardo se encuentran en los Alpes suizos. También los hay en España, Japón y Australia, entre otros lugares.

El cuarzo pardo se talla a veces en facetas como gema o se graba como *objets d'art*. La mayor parte de la variedad *cairngorm* del cuarzo pardo son amatistas del Brasil tratadas al calor para darles el tono pardo.

Cuarzo ahumado, SiO$_2$ Grupo silicatos; subgrupo cuarzo

Dureza en la escala de Mohs: 7	Peso específico: 2,65	Cristaliza en el sistema: hexagonal

El cuarzo ahumado, conocido también por topacio ahumado, con sus complicadas presentaciones, se suele tallar como gema o para *objets d'art*. Se han encontrado cristales que pesan hasta 300 kilos en vetas hidrotérmicas en Brasil. Su característico ahumado probablemente se deba a que es un cristal de roca sometido a radiación natural.

El cuarzo ahumado debe su nombre a su tono ahumado. Puede ser de color pardo, negro o gris humo. Cuando se calientan los cristales entre 300 y 400 °C éstos se vuelven amarillos y después blancos. A veces, los cristales de calidad contienen inclusiones de rutilo.

El cuarzo ahumado se encuentra en todo el mundo. Se han encontrado cristales de calidad en fisuras de los Alpes, en Madagascar y en Brasil. También se encuentran buenos cristales en el Pike's Peak, Colorado (EE.UU.).

Arriba. Esta pieza de cuarzo ahumado se encontró en Cornualles, Inglaterra.

Cuarzo rosa, SiO$_2$ Grupo silicatos; subgrupo cuarzo

Dureza en la escala de Mohs: 7	Peso específico: 2,65	Cristaliza en el sistema: trigonal

El color del cuarzo rosa varía del rosa blanquecino pálido al rosa oscuro. Se dice que las variaciones del color se deben a las impurezas de magnesio y de titanio. El cuarzo rosa transparente es muy raro y las piedras suelen estar bastante empañadas. Los cristales son frágiles y suelen agrietarse. Las piedras suelen perder su tono al calor y ponerse negras si se exponen a radiaciones. En las piedras de color más oscuro se advierte el dicroísmo.

Se encuentra cuarzo rosa en Madagascar, Brasil y EE.UU.

Algunas piedras de cuarzo rosa contienen minúsculas agujas de rutilo, que les dan un efecto estrellado. Esto es más visible cuando se talla la piedra en cabujón y ésta recibe la luz desde arriba. El cuarzo rosa puede tallarse en facetas, aunque suele hacerse más en cabujón o grabarse para adornos.

Cuarzo lechoso, SiO$_2$ Grupo silicatos; subgrupo cuarzo

Dureza en la escala de Mohs: 7	Peso específico: 2,65	Cristaliza en el sistema: trigonal

El cuarzo lechoso tiene una opacidad variable, es blanco, y puede presentarse laminado o rayado con franjas lechosas. La coloración del cuarzo lechoso se debe a las inclusiones en el cristal de numerosas burbujas de gas y de líquido.

El cuarzo lechoso se encuentra en las pegmatitas y en vetas hidrotérmicas; no se sabe todavía cómo se forman exactamente los cristales. Esta variedad de cuarzo es uno de los materiales más abundantes sobre la corteza terrestre. Se han encontrado bloques de cristales en Siberia, Centroeuropa, Madagascar, Namibia, Brasil y EE.UU.

El cuarzo lechoso se talla pocas veces como gema; es más corriente cortarlo en abalorios. Puede contener granos de oro y se suele tallar en cabujón, para que se vean esos granos.

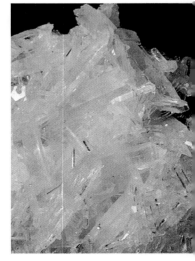

Ojo de tigre, SiO$_2$ Grupo silicatos; subgrupo cuarzo

Dureza en la escala de Mohs: 7	Peso específico, 2,64-2,71	Cristaliza en el sistema: hexagonal

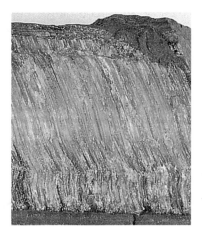

El ojo de tigre pertenece a un grupo formado por agregados de cuarzo fino fibroso, en el que también se integran el cuarzo ojo de gato y el ojo de halcón, (véase debajo). El ojo de tigre se suele usar para hacer cajas grabadas y otros objetos ornamentales, sacando el mayor provecho de sus atractivas marcas. Los característicos tipos de color pardo dorado se forman cuando se rompe el asbesto (un tipo de hornablenda) azul crocidolita, que deja un residuo de óxido de hierro.

Los cristales de ojo de tigre varían de color, del amarillo dorado hasta el de fondo casi negro con rayas pardo-doradas. Las fibras que forman las rayas se concentran en grupos semiparalelos. Los yacimiento más importantes de ojo de tigre se encuentran en Sudáfrica, aunque también los hay en la India, Birmania, el oeste de Australia y EE.UU. (California).

Cuarzo ojo de gato, SiO$_2$ Grupo silicatos; subgrupo cuarzo

Dureza en la escala de Mohs: 7	Peso específico: 2,65	Cristaliza en el sistema: trigonal

El cuarzo ojo de gato pertenece a un grupo formado por agregados fibrosos de cuarzo (véase arriba, ojo de tigre). Es semitransparente y las fibras son perfectamente visibles. Cuando se tritura se vuelve gris verdoso o verde. Como pasa con el ojo de tigre, el ojo de halcón se forma cuando el asbesto de crocidolita azul se sustituye por cuarzo. Al contrario que el ojo de tigre, el ojo de halcón conserva el color original azul del asbesto.

El cuarzo ojo de gato se encuentra en Alemania, la India, Sri Lanka y Myanmar. Como el ojo de tigre, el ojo de halcón se encuentra, sobre todo, en Sudáfrica; pero también en Birmania, la India, Australia y los EE.UU., entre otros lugares.

Cuarzo venturina, SiO$_2$ Grupo silicatos; subgrupo cuarzo

Dureza en la escala de Mohs: 7	Peso específico: 2,65	Cristaliza en el sistema: trigonal

El cuarzo venturina debe su nombre a un tipo de cristal descubierto en Italia a principios del siglo XVIII. Se le llamó *venturina* porque el cristal se descubrió «por ventura», (por casualidad).

El cuarzo venturina contiene escamas de mica que le dan brillo con reflejos de diferentes colores.

El cuarzo venturina verde contiene mica verde. Entre otros cuarzos venturina están las piedras rojo pardusco, que contienen cubos de mineral de pirita. Entre otras variedades de la venturina, están la blanca azulada y la verde azulada.

Entre los principales lugares en los que se encuentra venturina de buena calidad están Siberia, India, Tanzania y Brasil.

La venturina se usa para objetos ornamentales y se puede tallar en cabujón.

Cornalina, SiO$_2$ Grupo silicatos; subgrupo cuarzo

Dureza en la escala de Mohs: 7	Peso específico: 2,6	Cristaliza en el sistema: trigonal

La cornalina, también conocida como carnelina, es una variedad de la calcedonia de color rojo y translúcida. Debe el color rojo a la presencia de óxidos de hierro.

La cornalina se encuentra en forma de cantos rodados en Egipto, la India, China y Brasil. Otros lugares son: Escocia, Alemania, Japón, Colombia y EE.UU.

La cornalina se graba o se talla y se pule en cabujón.

La más comercial es la calcedonia teñida.

Calcedonia, SiO$_2$ Grupo silicatos; subgrupo cuarzo

Dureza en la escala de Mohs: 7	Peso específico, 2,6	Cristaliza en el sistema: trigonal

La calcedonia es una variedad del cuarzo con una estructura criptocristalina, tan pequeña que sólo puede verse al microscopio (microcristalina). La palabra calcedonia abarca un grupo de cuarzos, entre ellos todas las ágatas, la cornalina y la crisoprasa, que se forma a partir de láminas delgadas de minúsculas fibras de cuarzo. La calcedonia pura, sin embargo, tiene sus propiedades características que la diferencian. En sí misma, la calcedonia es translúcida y tiene un color blanco o azulado, pero puede presentarse coloreada de verde por el cromo. El rayado de la calcedonia no puede verse sin un microscopio. Bajo la luz ultravioleta, la luminiscencia de la calcedonia varía del blanco azulado al verde amarillento.

Se encuentra calcedonia de buena calidad en Brasil, la India, Madagascar y Uruguay.

La estructura fibrosa da a la calcedonia su dureza y la hace ideal para la talla. Es muy popular en Alemania. La calcedonia es porosa y se puede teñir con una gran variedad de sales metálicas.

Sardio, sardónice y ónice, SiO$_2$ Grupo silicatos; subgrupo cuarzo

Dureza en la escala de Mohs: 7	Peso específico: 2,6	Cristaliza en el sistema trigonal

El sardio es la variedad roja pardusca de la calcedonia. El sardónice tiene rayas rectas de color blanco junto a franjas de sardio de un rojo pardusco. El ónice se compone de franjas blancas y negras. Se parece al ágata, pero las franjas son rectas.

Se encuentran en Brasil y Uruguay.

El sardónice y el ónice se graban y pulen para usarse como abalorios y camafeos.

El ónice negro casi siempre es teñido. El ónice natural negro es raro y por eso se produce tratando químicamente el ágata.

ÁGATA: INTRODUCCIÓN

El ágata se reconoce bien por sus franjas de color concéntricas, formadas por restos de hierro y manganeso. En realidad, el ágata es sólo una calcedonia rayada. Si se corta en láminas finas, aparecen las bandas al atravesarlas los rayos de luz. Los colores naturales del ágata varían y pueden ser: rojo, blanco, azul, gris, pardo o negro. La composición química del ágata es la misma que la del cuarzo, pero el ágata tiene una estructura física diferente. En lugar de formarse como grandes cristales, se compone de diminutas fibras y cristales, visibles sólo al microscopio. El ónice es la variedad de ágata con capas rectas. El ágata «de fortificación» tiene rayas angulosas y concéntricas. El ágata musgo tiene vetas rameadas verdosas. El ágata jaspe es roja. Las ágatas de Júpiter tienen dibujos estrellados.

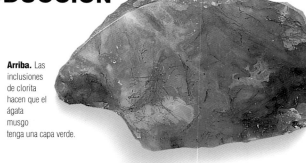

Arriba. Las inclusiones de clorita hacen que el ágata musgo tenga una capa verde.

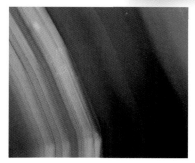

Izquierda. Las bonitas rayas de esta ágata roja son el resultado de un teñido artificial. El teñido del ágata es una práctica muy antigua. En la actualidad, el ónice se tiñe empapando el ágata en una solución de azúcar y calentándola después en ácido sulfúrico para que las partículas de azúcar se pongan marrones y se endurezcan.

Ágata, SiO$_2$ Grupo silicatos; subgrupo cuarzo

Dureza en la escala de Mohs: 7	Peso específico: 2,6	Cristaliza en el sistema: trigonal

Características distintivas
Translúcida, muy rayada, de blanco a azul grisáceo y a rojo anaranjado; es un mineral cerúleo que se forma en las cavidades de las rocas.
Color Variable: de blanco a gris, azul blanquecino, de naranja a rojo, gris y negro.
Brillo Cerúleo.
Veta Ninguna.
Transparencia La mayor parte, translúcidas, pero también se dan formas transparentes.
Exfoliación Ninguna.
Fractura Concoidea, con los bordes muy agudos.

Tenacidad Frágil.
Formas Sílice criptocristalina que rellena las geodas.
Variedades Pueden citarse el ópalo o la calcedonia.
Usos Colecciones de minerales.
Se encuentra Recubriendo cavidades rocosas, como mineral secundario depositado por agua rica en sílice. Suele encontrarse en zonas metamórficas en torno a intrusiones graníticas, pero también puede darse en sedimentos. En todo el mundo.

Crocidolita, (SiO₃)₂Na(Al,Fe) con SiO₃(Mg,Fe Grupo silicatos

Dureza en la escala de Mohs: 6	Peso específico: 3	Cristaliza en el sistema: monoclínico

Rasgos característicos
Cristales brillantes, de fibrosos a capilares y de azules a verdes.
Color De azul medio a pálido o a verde medio.
Brillo Sedoso.
Veta Azulada.
Transparencia Transparente.
Exfoliación Perfecta a 110.
Fractura Desigual.
Tenacidad De frágil a flexible.
Formas De masas fibrosas a cristales prismáticos finos.
Variedades Sinónimo del asbesto azul. Cuando se sustituye con cuarzo, forma el mineral ojo de tigre; de ahí que se incluya aquí.

Usos Colecciones de minerales.
Se encuentra En vetas y pegmatitas de granito y sienita. En Sudáfrica, Austria, Francia, Reino Unido, Bolivia y EE.UU. (Massachusetts).

Crisoprasa, SiO₂ Grupo silicatos; subgrupo cuarzo

Dureza en la escala de Mohs: 7	Peso específico: 2,6	Cristaliza en el sistema: trigonal

La crisoprasa es una variedad de la calcedonia. Es translúcida y verde manzana. Antiguamente, la mayor parte de la crisoprasa procedía de Bohemia. Un origen más reciente está en Marlborough y Queensland (Australia).

Suele tallarse en cabujón, como abalorios, los cuales se cree que se remontan a los tiempos griegos y romanos. Como otras gemas raras, la crisoprasa se imita. Estas imitaciones se hacen con cristales y ágata teñidas.

Ópalo, SiO$_2$nH$_2$O Grupo silicatos

Dureza en la escala de Mohs: 6	Peso específico: 2,1	Cristaliza en el sistema: es amorfo

Hay cuatro tipos de ópalo que se usan en joyería: blanco, negro, fuego y ópalo de agua o incoloro. Los ópalos se clasifican también como piedras comunes o piedras preciosas; sólo las piedras preciosas presentan iridiscencia. El nombre de ópalo se deriva del sánscrito *upala* (piedra preciosa).

El ópalo es una de las pocas piedras preciosas no cristalinas o poco cristalinas. Es una gelatina endurecida compuesta de sílice y agua. Se encuentra como relleno de cavidades en las rocas, como estalagmitas o sustituyendo materias orgánicas como la concha y el hueso. Tiene una fractura desigual o concoidea. El ópalo blanco tiene un cuerpo de color levemente coloreado, con buena iridiscencia, mostrando todos los colores del espectro (véase pág. 134). El ópalo negro tiene color oscuro (negro, azul, verde o gris) y buena iridiscencia. El ópalo de fuego es transparente amarilla, naranja o roja que puede mostrar iridiscencia. El ópalo de agua es una piedra transparente e incolora con destellos de color. El juego de colores o iridiscencia se debe a la interferencia de la luz blanca sobre las diminutas bolas de sílice de la estructura del ópalo (véase pág. 134).

El ópalo que usaban los romanos procedía de la región que es ahora la República Checa, donde se encontraba el ópalo blanco en la lava volcánica. Guatemala, Honduras y México son lugares que tienen ópalo, pero desde que se descubrieron ópalos preciosos en Queensland (Australia), han perdido importancia. El primer tipo de ópalo encontrado en Australia fue en piedras, que se usó para la talla de camafeos.

También se da el ópalo en vetas de rocas ígneas sedimentarias, así como en trozos o en forma de tubos y puede sustituir a materiales orgánicos, como los que se encontraron en White Cliffs, Nueva Gales del Sur. También en Nueva Gales del Sur, en Lightning Ridge, se encontraron nódulos aislados de ópalo negro. Se encuentran preciosos ópalos blancos en Coober Pedy, en el sur de Australia. Otros países donde hay ópalos son: Sudáfrica, Zimbabwe, Brasil y EE.UU.

Los ópalos de fuego normalmente se tallan en facetas, pero los demás se tallan en cabujón o se graban. El ópalo se ha imitado de varias maneras; un método es colocar chispitas de plástico de colores y de ópalo en un hueco hecho en la parte trasera de un cristal de roca tallado en cabujón. Otro, es pegar una concha iridiscente en la parte trasera plana de un cristal de roca tallado en cabujón. Gilson ha manufacturado ópalos «creados» a partir de bolas de sílice.

La iridiscencia en el ópalo

Los destellos de colores que se ven en el ópalo precioso se llaman juego de colores. Durante cientos de años se han propuesto teorías para explicar las razones de este fenómeno, pero hasta hace poco los equipos de laboratorio no han estado suficientemente avanzados como para encontrar el verdadero motivo. Tanto Baier en Alemania como Sanders en Australia estudiaron la estructura del ópalo utilizando un microscopio electrónico capaz de ampliarla más de mil veces. Vieron que el ópalo precioso se componía de una serie de filas de bolitas de sílice colocadas regularmente y de tamaño parecido. Si las esferas no son similares no hay juego de colores y entonces se le llama ópalo común u ópalo lechoso. El juego de colores se debe a la difracción de la luz a través de las bolitas. Los colores que se ven dependen del tamaño de las esferas. Las esferas más grandes dan destellos de color rojo, amarillo, verde, azul y blanco, mientras que las esferas más pequeñas sólo pueden emitir destellos azules.

FOSFATOS

Lapislázuli, $O_{24}[SO_4,Cl_2(OH)_2](Na,Ca)_{7-8}(Al,Si)_{12}$ Grupo fosfatos

Dureza en la escala de Mohs: 5,5	Peso específico: 2,7-2,9	Cristaliza en el sistema: cúbico

El color del lapislázuli varía del azul verdoso al vivo azul purpúreo. El color más apreciado es el azul oscuro intenso. El nombre de lapislázuli se deriva de la palabra persa *lazhward*, que significa azul.

Bajo las longitudes de onda largas de los rayos ultravioleta se pueden ver manchas o bandas color naranja. El lapislázuli muestra un destello blanquecino brillante bajo las ondas largas de luz ultravioleta; y unas manchas o bandas color naranja apagado bajo las ondas cortas de la luz ultravioleta y a los rayos X.

El lapislázuli se ha extraído de las minas de Afganistán desde hace más de 6.000 años. Se encuentran piedras de lapislázuli de color azul claro en los ríos del extremo sur del lago Baikal (Rusia). En los Andes (Chile) se extrae de las minas un lapislázuli de color más pálido. En las Montañas Rocosas de Colorado se ha encontrado un lapislázuli muy oscuro en rocas metamórficas de contacto; contiene pirita, pero carece de la textura y de la dureza del buen lapislázuli. También se encuentra en California, Myanmar, Angola, Pakistán y Canadá. El lapislázuli canadiense es gris azulado, con manchas azules brillantes y blancas, y contiene pirita, pero no se usa como gema porque es poroso y no admite un buen pulimentado.

El lapislázuli es un mineral opaco y, por consiguiente, se talla normalmente en cabujón o se usa para piedras de sello, abalorios, pequeños objetos grabados y material para taracear.

El lapislázuli se ha imitado con jaspe teñido de azul («lapislázuli suizo»), que se puede reconocer por su falta de inclusiones de pirita. También se han hecho imitaciones usando cristal con inclusiones de cobre y coloreando con cobalto espinelas sintéticas azules. El lapislázuli con inclusiones de pirita se machaca y se liga con plástico y, a veces, se tiñe; pero se reconoce porque el tinte se levanta con esmalte de uñas.

A mediados de los años 1970 se «creó» lapislázuli tipo Gilson. Aunque el color es similar, la densidad es menor que la del lapislázuli verdadero. Las inclusiones de pirita también aparecen distribuidas con menos regularidad. Las imitaciones se pueden reconocer porque no tienen un brillo blanquecino bajo las ondas largas de los rayos ultravioleta.

Turquesa, Ca,Al$_6$(PO$_4$)$_4$(OH)$_8$.4H$_2$O Grupo fosfatos

Dureza en la escala de Mohs: 5-6	Peso específico: 2,6-2,8	Cristaliza en el sistema: triclínico

La turquesa se ha extraído de las minas de Egipto desde el año 3000 a.C. El nombre se deriva del francés *pierre turquoise* (turca), posiblemente porque el material persa (iraní) se importó a Europa a través de Turquía.

Características distintivas De azul cerúleo a azul verdoso pálido, en masas nodulares o como filones en lavas erosionadas y pegmatitas.

Color De azul cerúleo vivo a azul verdoso pálido.

Brillo Cerúleo.

Veta De blanca a verde pálida.

Transparencia Casi siempre, opaca.

Exfoliación Ninguna.

Fractura Concoidea en pequeña escala.

Tenacidad Frágil.

Formas Estalactica botrioidal o reniforme. Maciza, pequeños filones o granos finos.

Variedades Ninguna.

Usos En joyería y ornamental.

Se encuentra Como pequeñas vetas y masas en lavas alteradas o pegmatíticas y asociada con limonita y calcedonia. Se encuentra en Inglaterra, Francia, Alemania, Siberia, Egipto, Irán, Tíbet, Australia, Chile y EE.UU.

La turquesa se presenta en agregados criptocristalinos porosos de color azul y también en incrustaciones, nódulos o masas botrioidales o en vetas dentro de las rocas en regiones áridas. Se ha encontrado como cristales bien formados, pero sólo en Virginia. El color azul se debe al cobre y/o al hierro. Puede decolorarse por exceso de luz y alterarse hasta tomar un color verde, posiblemente debido a la deshidratación. La turquesa americana es más porosa que la turquesa iraní y se decolora y altera con mayor rapidez.

La turquesa es semitranslúcida, y la absorción del espectro da un dibujo característico de bandas pálidas. Bajo las ondas largas de la luz ultravioleta, la turquesa se muestra de un color amarillo verdoso a azul vivo. Es inerte bajo las longitudes de onda corta de la luz ultravioleta, mientras que algunas imitaciones de turquesa presentan un color azul fuerte. Gilson «creó» una turquesa que da un color azul apagado bajo las longitudes cortas y largas de la luz ultravioleta.

La mejor turquesa es la turquesa azul celeste del Irán. Las del Tíbet son verdes azuladas y son de las más apreciadas. Los yacimientos más importantes históricamente son los de la península del Sinaí (Egipto) y son el origen de muchas de las piezas antiguas. Entre otros lugares de EE.UU. donde se encuentra turquesa de buen color y calidad compacta están el desierto de Mojave (Colorado) y Nevada y Arizona. La turquesa de EE.UU. es de color más claro y más porosa y yesosa que las de Irán y México.

La turquesa tiene un brillo cerúleo y toma bien el pulimentado. Se puede grabar, tallar en cabujón o tallar plana para engastarla. Entre los minerales naturales parecidos a la turquesa están la lazulita, la wardita y la odontolita (colofana o apatito formado al fosilizarse dientes y huesos, de color azul). La howlita (borosilicato de calcio), la caliza y el mármol teñido también se usan para imitaciones. La turquesa fue una de las primeras priedras en imitarse. Se han hecho imitaciones a partir de cristal, que se suele diferenciar por las inclusiones de pequeñas burbujas o marcas huecas sobre la superficie, y también de esmalte o calcedonia teñida. En EE.UU., los pequeños fragmentos de turquesa desmenuzables se ligan con resina para utilizarlos en joyería, pero algunas de estas piezas se decoloran o se vuelven verdes con el tiempo. En 1972 se «creó» y fabricó en Francia una turquesa de Gilson. El examen microscópico muestra que la estructura se compone de unos trozos angulosos azules sobre fondo blanco, lo que es algo completamente diferente de una turquesa.

Variscita o utahlita, Al(PO$_4$).2H$_2$O Grupo fosfatos

| Dureza en la escala de Mohs: 4-5 | Peso específico: 2,4-2,6 | Cristaliza en el sistema: rómbico |

Características distintivas Se suele confundir con la turquesa. Infusible, soluble en ácido sólo si se calienta antes.
Color Verde amarillento pálido.
Brillo Vítreo, cerúleo.
Veta Blanca.
Transparencia De transparente a translúcida.
Exfoliación Ninguna
Fractura Concoidea.
Tenacidad Frágil.
Formas Maciza y en concreciones; como capas y vetas; son raros los cristales pseudo-octaédricos.
Usos Ornamental.
Se encuentra Se presenta en rocas ricas en aluminio alteradas por aguas fosfóricas. Se da en el Reino Unido, Austria, Bolivia y EE.UU.

Basilianita o topacio del Brasil, NaAl$_3$[(OH)$_2$/PO$_4$)]$_2$ Grupo fosfatos

| Dureza en la esca de Mohs: 5,5 | Peso específico: 2,98-2,99. | Cristaliza en el sistema: monoclínico |

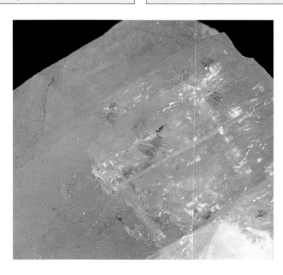

Características distintivas Son unos cristales raros y bonitos, muy apreciados en joyería y por los coleccionistas.
Color Amarillo, verde amarillento.
Brillo Vítreo.
Veta Blanca.
Transparencia Transparente, translúcida.
Exfoliación Buena.
Fractura Concoidea pequeña.
Tenacidad Frágil.
Formas Monoclínica, prismas cortos.
Usos Joyería.
Se encuentra Como su nombre indica, Brasil es el mayor yacimiento y, hasta hace poco, el único. Ahora, también en EE.UU. (New Hampshire).

Apatito, (PO₄)₃Ca₅(F,Cl,OH) Grupo fosfatos

Dureza en la escala de Mohs: 5	Peso específico: 3,17-3,23	Cristaliza en el sistema: hexagonal

Características distintivas
Soluble en ácido clorhídrico.
Algunos cristales pierden su color

al calentarlos; otros, dan un amarillo brillante fluorescente a la luz ultravioleta. La absorción del

espectro presenta finas líneas intensas, debido a elementos terrosos raros, especialmente en el apatito amarillo.
Color Verde, pero puede ser incoloro, amarillo, azul o violeta.
Brillo De vítreo a semirresinoso.
Veta Blanca.
Transparencia De transparente a translúcido.
Exfoliación Escasa.
Fractura De concoidea a desigual.
Tenacidad Frágil.
Formas Cristales tabulares o prismáticos; también macizo, compacto o granular.
Variedades Al apatito español se le suele llamar «piedra espárrago» por su color verde amarillento.
Usos Joyería.
Se encuentra Se forma en rocas ígneas y calizas metamórficas. En todo el mundo. En España (véase arriba), y en la República Checa. Noruega tiene piedras verde azuladas y la India, verde mar. Los materiales con calidad de gema proceden de Myanmar, con el apatito birmano azul, fuertemente dicróico, presentándose azul e incoloro. El apatito de Sri Lanka se da en varios colores; también el de Madagascar. En Brasil se encuentran piedras azules, amarillas y verdes; en México, amarillas; en Canadá, en una variedad de verde muy oscuro, y en EE.UU. en una variedad violeta.

Los cristales fibrosos azules de Myanmar y Sri Lanka presentan el efecto ojo de gato cuando se tallan en cabujón. Hay una variedad maciza de apatito, de color azul celeste, que se pule como piedra ornamental. El apatito se talla en facetas para los coleccionistas.

Piromorfita, $(PO_4,AsO_4)_3Pb_5CL$ Grupo fosfatos

Dureza en la escala de Mohs: 3,5-4	Peso específico: 7	Cristaliza en el sistema: hexagonal

Características distintivas
Pequeños cristales prismáticos, hexagonales, de color verde amarillento, que rellenan las cavidades de las rocas en zonas de minerales ricos en plomo.
Color Normalmente, verde amarillento pálido; pero también en varios matices de pardo y amarillo.
Brillo Resinoso.
Veta De blanca a amarillo pálido.
Transparencia De semitransparente a translúcida.
Exfoliación Ninguna.
Fractura Irregular.
Tenacidad Frágil.
Formas Cristales tabulares o prismáticos hexagonales. A veces, reniforme, botrioidal, fibrosa o granular.
Variedades Según la forma; por ejemplo, la piromorfita fibrosa.
Usos Para extracción de plomo.
Se encuentra Es un mineral secundario esporádico en zonas de mineral de plomo. En Alemania, Francia, España, Reino Unido, Australia y EE.UU. (Pensilvania, Carolina del Norte y en Idaho).

Mimetita o mimetesita, $3Pb_3As_2O_8.PbCl_2$ Grupo fosfatos

Dureza en la escala de Mohs: 3,5	Peso específico: 7	Cristaliza en el sistema: hexagonal

Características distintivas
Pequeños cristales hexagonales con extremos planos (0001), de color amarillo a naranja pardusco, que se hallan en zonas donde hay vetas metalíferas ricas en plomo.
Color De amarillo a pardo amarillento, naranja y, raramente, blanco.
Brillo Resinoso.
Veta Blanca.
Transparencia Translúcida y, a veces, transparente.
Exfoliación Escasa a 10$\bar{1}$1.
Fractura Subconcoidea, pero difícil de ver, debido al pequeño tamaño de los cristales.
Tenacidad Frágil.
Formas Normalmente, cristales prismáticos hexagonales; pero, a veces, en incrustaciones rocosas de formas globulares o mamelares.
Variedades La campilita, que tiene cristales rojos-parduscos-amarillentos. Se encuentra sólo en el Reino Unido.
Usos Extracción del plomo.
Se encuentra Asociada con carbonatos de plomo y limonita en zonas de vetas ricas en plomo. En Austria, Siberia, República Checa, Alemania, Reino Unido, Francia, África, México y EE.UU. (Pensilvania y Utah).

Vanadinita, $(CO_4)_3ClPb_5$ Grupo fosfatos

Dureza en la escala de Mohs: 2,5-3	Peso específico: 6,5-7	Cristaliza en el sistema: hexagonal

Características distintivas
Cristales prismáticos hexagonales,
de color rojo a pajizo, asociados con
depósitos secundarios de plomo.
Color De varios matices del rojo
al pardo amarillento.
Brillo De resinoso a diamantino.
Veta De blanca a amarilla.
Transparencia
Semitransparente (los colores más
oscuros son opacos).
Exfoliación Ninguna.
Fractura Desigual.
Tenacidad Frágil.

Formas Cristales prismáticos
hexagonales. La faceta 0001 suele
estar hueca. También se
encuentran en forma de
incrustaciones en la roca.
Variedades Ninguna.
Usos Mineral de vanadio y de
plomo.
Se encuentra Es un mineral
bastante raro, que se encuentra en
zonas de depósitos secundarios de
plomo. En Rusia (los Urales),
Austria, Reino Unido, Zaire,
México, Argentina y EE.UU.

SULFATOS

Celestina, SO_4Sr Grupo sulfatos

Dureza en la escala de Mohs: 3-3,5	Peso específico: 9	Cristaliza en el sistema: rómbico

Características distintivas
Conocida también como celestita.
Color De blanco a verdoso, y
también pardo y azulado.
Brillo Vítreo.
Veta Blanca.
Transparencia De
transparente a translúcida.
Exfoliación Perfecta.
Fractura Desigual.
Tenacidad Frágil.
Formas Cristales tabulares,
prismas. Maciza, fibrosa, granular
y nodular.
Usos Es el principal mineral de
estroncio, que se usa en pirotecnia
y bengalas de señales, debido a
que produce un color carmesí vivo
cuando se pulveriza y arde. Se
utiliza también como aditivo en
las baterías de plomo y en la
fabricación de caucho y pinturas.
También se utiliza en la industria
nuclear, en las refinerías de azúcar
y en la manufactura de cristal
iridiscente y de la porcelana.

Se encuentra Se forma en las
venas hidrotérmicas con minerales
como cuarzo y calcita. También en
rocas sedimentarias, como las
calizas. Se encuentra en algunas
rocas ígneas básicas y en algunos
depósitos de evaporitas. Se han
encontrado cristales de calidad
excepcional en Inglaterra, Sicilia,
Túnez, Madagascar y EE.UU. (en
Put-in-Bay y en Strontian Island,
en el lago Erie).

Gipsolita, yeso cristalizado, $CaSO_42H_2O$ Grupo sulfatos

Dureza en la escala de Mohs: 1,5-2	Peso específico: 2,3	Cristaliza en el sistema: monoclínico

Características distintivas

Lo bastante blando como para rayarse con la uña. Al calentarse en un tubo abierto despide agua. No reacciona con los ácidos.

Color De blanco a gris pálido y matices de rojo rosáceo.

Brillo De nacarado a reluciente, o apagado y terroso.

Veta Blanca.

Transparencia De transparente a opaco.

Exfoliación Excelente a 010.

Fractura Concoidea; a veces, fibrosa.

Tenacidad Se desmenuza con facilidad.

Formas Maciza, plana o en cristales alargados, generalmente prismáticos.

Variedades La selenita, que tiene unos cristales transparentes, diferenciados y laminados; el espato satinado, que se presenta en bloques fibrosos nacarados; y el alabastro, con grano fino y ligeramente coloreado.

Usos Médicos (con él se hace el yeso de París o escayola); en la construcción, para la fabricar el yeso de enlucir y en tallas ornamentales hechas de alabastro.

Se encuentra En canteras, a veces macizas; en rocas sedimentarias como las calizas; en pizarras y arcillas. En el Reino Unido, Francia, Rusia y EE.UU. (estados de Nueva York, Kentucky, Michigan, Kansas, Dakota del Norte y Utah).

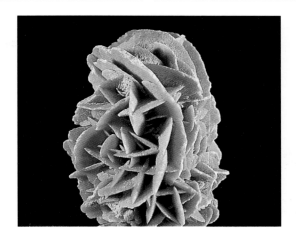

Variedades

Satin Spa

Selenite

Baritina o espato pesado, SO₄Ba Grupo sulfatos

Dureza en la escala de Mohs: 3-3,5	Peso específico: 4,4-4,6	Cristaliza en el sistema: rómbico

Características distintivas Cristales tabulares de gran densidad, de color blanco verdoso pálido a pardusco pálido. También se presenta como «rosas del desierto», de cristales radiantes de color rojo pardusco pálido. Su dureza.
Color De blanco a blanco verdoso o rojo pardusco pálido.
Brillo De vítreo a resinoso.
Veta Blanca.
Transparencia De transparente a opaco.
Exfoliación Perfecta a 001 y 110.
Fractura Desigual.
Tenacidad Frágil.

Formas Suele presentarse en grupos de cristales tabulares o laminados. También maciza, mamilares y fibrosas, en incrustaciones y rayada.
Variedades Ninguna.
Usos Mineral de bario, para refinar azúcar, para papillas médicas de bario para rayos X y como pigmento.
Se encuentra En vetas asociadas con minerales de plomo, cobre, zinc y hierro. Ganga corriente de mineral en vetas metalíferas. Asociada a la fluorita, el cuarzo, la calcita, la dolomita y la antimonita. En Francia, España, Inglaterra, Rumania, República Checa y EE.UU.

TUNGSTATOS O WOLFRAMATOS

Scheelita, wolframato de calcio, WO₄Ca Grupo tungstatos

Dureza en la escala de Mohs: 4,5-5	Peso específico: 5,9-6,1	Cristaliza en el sistema: tetragonal

Características distintivas Soluble en ácido, difícilmente fusible. Fluorescencia blanco azulada bajo las longitudes cortas de onda de la luz ultravioleta.
Color Incoloro, blanco, gris, amarillo pálido, rojizo.
Brillo Diamantino, vítreo
Veta Blanca.
Transparencia De transparente a translúcido.
Exfoliación Definida.
Fractura Subconcoidea.
Tenacidad Frágil.
Formas Cristales pseudo-octaédricos o bipiramidales; también en forma maciza, granular y columnar.
Usos Importante mineral de tungsteno.
Se encuentra En vetas de cuarzo de pegmatitas graníticas. En Myanmar, Malasia, China, Japón, Australia, Bolivia y EE.UU.

Wolframita, WO₄(Fe,Mn) Grupo tungstatos

Dureza en la escala de Mohs: 4-4,5	Peso específico: 7	Cristaliza en el sistema: monoclínico

Características distintivas
Cristales bien formados, tabulares o prismáticos de color negro plateado, en sulfuros metalíferos y vetas pegmatíticas en granitos.
Color De negro a gris muy oscuro.
Brillo Semimetálico.
Veta Negra.
Transparencia Opaca.
Exfoliación Buena a 010.
Fractura De desigual a rugosa.
Tenacidad Frágil.
Formas Generalmente, en cristales tabulares, pero también se presenta en formas prismáticas.
Variedades Ninguna.
Usos Mineral de tungsteno.
Se encuentra En vetas y cavidades metalíferas, y en pegmatitas en granitos, donde va asociada con casiterita y mineral de cobre. En el mundo entero: Reino Unido, Portugal, Myanmar, China, Malaysia, Australia, Bolivia y EE.UU.

Wulfenita, Pb(MoO₄,WO₄) Grupo tungstatos

Dureza en la escala de Mohs: 2,5-3	Peso específico: 6,5-8	Cristaliza en el sistema: tetragonal

Características distintivas
Normalmente, en cristales tabulares de color amarillo pardusco a naranja, asociados con yacimientos de mineral de plomo.
Color De naranja vivo a amarillo pardusco y a marrón.
Brillo De resinoso a diamantino.
Veta Blanca.
Transparencia De semitransparente a translúcido.
Exfoliación Claramente piramidal; buena a 111.
Fractura Subconcoidea, pero muy difícil de ver a simple vista.
Tenacidad Frágil.
Formas Normalmente en cristales finos, cuadrados, de tabulares a octaédricos o prismáticos; pero también se dan formas compactas o granulares.
Variedades Ninguna.
Usos Mineral de molibdeno.
Se encuentra Mineral secundario, que se encuentra en capas altas de oxidación ricas en yacimientos de minerales de plomo. En la antigua Yugoslavia, en la Europa del Este, Austria, Marruecos, Congo, Australia, México y EE.UU. (Massachusetts, Pensilvania, Nuevo México, Arizona y Nevada).

HIDRATOS

Brucita (hidróxido de magnesio), Mg(OH)$_2$ Grupo hidratos

Dureza en la escala de Mohs: 2,5	Peso específico: 2,3-2,5	Cristaliza en el sistema: hexagonal

Características distintivas Mineral asociado al asbesto, la brucita debe su nombre al minerólogo americano A. Bruce, quien identificó el primero este mineral. Es infusible y soluble en ácido clorhídrico sin efervescencia.
Color Incoloro, blanco, verde pálido, azulado, gris y, a veces, rosa. Cuando contiene manganeso, de amarillo a pardo.

Brillo Cerúleo, de vítreo a nacarado. Las variedades fibrosas son de un brillo sedoso.
Veta Blanca.
Transparencia Transparente, translúcido.
Exfoliación Perfecta.
Fractura Desigual.
Tenacidad Frágil.
Formas Cristales anchos, tabulares. Puede presentarse en forma maciza, laminar, fibrosa (nemalita) y granular.

Variedades La nemalita es la forma fibrosa de la brucita.
Usos Muy usada como mineral refractario, en la extracción de magnesia y como fuente de magnesio metálico y sus sales.
Se encuentra Se forma en rocas calcáreas metamórficas, en esquistos y en serpentinitas. Se encuentra también como un producto alterado en las fases finales de procesos metamórficos.

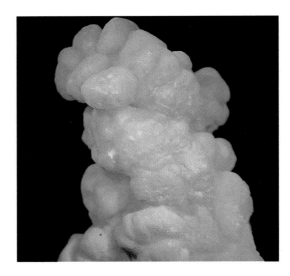

Arriba. Un ejemplar de una masa arracimado de brucita; este espécimen se encontró en África.

CRISTAL NATURAL

Tectitas. Cristales naturales

Dureza en la escala de Mohs: 5	Peso específico: 2,34-2,39	Cristaliza en el sistema: es amorfo

Las tectitas son cristales naturales de origen desconocido. Son transparentes, de colores verde, pardo grisáceo o marrón y tienen una superficie redondeada muy rugosa. Una teoría indica que la característica forma de las tectitas se debe al hecho de que estaban todavía en estado líquido cuando pasaron a través de la atmósfera, desde el espacio exterior. Las tectitas también pueden haber sido lanzadas como gotas de roca fundida arrojadas por el impacto de un gran meteorito. El nombre viene del griego *tektos* (fundido).

Las moldavitas son un tipo de tectita que se llaman así por el río Moldava, de la República Checa, donde se encontraron por primera vez estas piezas de cristal, en 1787. A las piezas de tectita encontradas en otros lugares se les ha dado el nombre de cada uno de esos lugares. Por ejemplo, las australitas (de Australia).

Las moldavitas, que se han tallado en facetas como piedras preciosas, tienen un aspecto similar al peridoto de color verde botella. Contienen burbujas redondas o en forma de torpedo y se distinguen fácilmente por las espsirales (en la pasta de cristal), ya que no hay en ellas inclusiones cristalinas como las hay en la obsidiana volcánica. Otras formas de tectitas se tallan para hacer pequeños objetos decorativos.

SUSTANCIAS ORGÁNICAS

Los minerales son inorgánicos por definición y los cristales se forman por reacciones químicas inorgánicas. Sin embargo, hay materiales orgánicos que son como los minerales y que pueden encontrarse en circunstancias similares, en especial donde el material orgánico se ha fosilizado. A continuación, siguen algunos ejemplos de materiales orgánicos «paraminerales».

Ámbar. Sustancias orgánicas

Dureza en la escala de Mohs: 2,5	Peso específico: 1,08

arcillosos y es mucho más roja, más dura y más densa que la variedad báltica. El ámbar siciliano se llama simetita, por el nombre del río en que se encontró. También en la República Dominicana, Rumania, República Checa, Alemania, Canadá y EE.UU.

Izquierda. Los insectos que quedaron atrapados en el ámbar cuando era todavía una resina pegajosa se han conservado extraordinariamente bien.

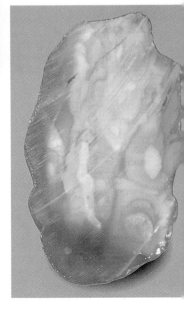

El ámbar es una resina fósil que se cree que procede de los pinos. El nombre griego del ámbar fue *electron*, debido a que al frotarlo produce una carga negativa.

El ámbar es de transparente a translúcido y tiene un brillo graso. Su color es generalmente amarillo o pardo, pero puede tener un tono rojo o blanco. El ámbar a veces aparece empañado, debido a las burbujas de aire. Al someterlo al calor (en aceite), el material graso empañado llena las burbujas de aire y el ámbar se aclara. En el ámbar, que antiguamente fue una resina blanda y adhesiva, se pueden encontrar insectos atrapados. También se han visto cristales de pirita y de calcita.

Los principales lugares donde hay ámbar están a lo largo de la costa de Samland, en las proximidades de Kaliningrado (Rusia). El ámbar de cantera se obtiene por extracción a cielo abierto. El ámbar se separa de los blandos depósitos arenosos por medio de chorros fuertes de agua. El ámbar marino flota en el agua y es llevado por las mareas y las corrientes a las costas del Báltico, Noruega, Dinamarca e Inglaterra. La variedad del Báltico se llama succinita. La variedad birmana (burmita) se encuentra en terrenos

Lignito. Sustancias orgánicas

Dureza en la escala de Mohs: 2,5-4	Peso específico: 1,3-1,35

El lignito es una variedad del carbón. Es una madera fósil, que se formó al pudrirse la madera en agua estancada y después fue aplastada por la presión al estar enterrada durante millones de años. Huele como el carbón cuando arde. Algunos lignitos pueden cargarse de electricidad cuando se frotan y por esta razón se los conoce a veces como «ámbar negro». En inglés se llama *jet* y esta palabra se deriva del francés antiguo *jyet* o *jaiet*, por un punto de la costa mediterránea donde los romanos lo conseguían.

Hay pruebas de que el lignito ya se extraía de las minas en el año 1400 a.C. y durante la ocupación romana de las Islas Británicas se transportaba a Roma por barco. Fue una gema popular en los tiempos de la reina Victoria, cuando se usaba para la joyería de luto. El lignito también se ha extraído de las minas de

Asturias (España) para su uso en joyería. Hay también yacimientos en Aude (Francia), Utah (EE.UU.), Alemania y Rusia, pero en estos lugares no se ha explotado sistemáticamente.

El lignito tiene un color negro intenso y puede tomar un buen pulido. Se han encontraro abalorios, colgantes y objetos de adorno hechos de lignito en antiguos túmulos funerarios prehistóricos.

Para imitar el lignito se han usado el carbón, el caucho, el cristal, la obsidiana, la calcedonia teñida de negro y los plásticos. El «lignito de París» es un cristal negro.

El lignito estuvo de moda como joyería «de luto» en los años 1800. También se usó para hacer rosarios por parte de algunos monjes.

Perla. Sustancias orgánicas

Dureza en la escala de Mohs: 3,5	Peso específico: 2,6-2,78

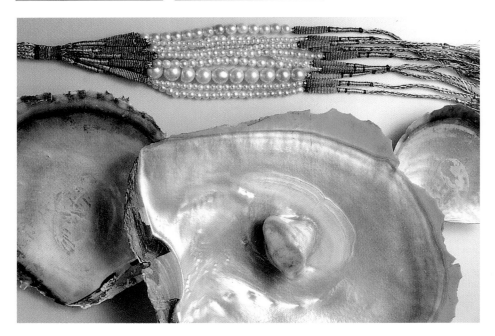

Cualquier molusco con concha puede producir perlas, pero sólo aquellos animales que tienen una concha con un forro perlino nacarado forman las brillantes perlas que sirven para usar como adorno. Los animales que producen las perlas más usadas en joyería son los moluscos del tipo *Pinctada* y todos viven en el mar. Entre otros moluscos de agua de mar que producen perlas están la caracola gigante (*Strombus gigas*) y la almeja gigante (*Tridacna gigas*). En algunos moluscos de agua dulce de los ríos de Escocia se encontraron las «perlas escocesas».

Las perlas vesiculares se forman cuando una mota de arena u otro cuerpo extraño irritante penetra entre la concha y las partes externas

blandas del cuerpo del molusco (manto). El molusco segrega nácar para aliviar la irritación. Las perlas se montan de forma que la base no nacarada quede oculta.

Las perlas auténticas se forman por enquistamiento y se llaman perlas «quiste». El molusco, al no ser capaz de recubrir el cuerpo extraño contra la concha, lo envuelve dentro del manto. El cuerpo irritante forma una mella en el manto que se convierte en un saco que rodea al intruso. En la etapa siguiente el saco se separa del manto y se forma un quiste. Las células secretoras de nácar del saco perlífero continúan segregando nácar alrededor del cuerpo irritante y así se van formando poco a poco las capas concéntricas que forman la perla.

Al brillo de las perlas se le conoce como «oriente» de la perla. Se debe a los efectos ópticos de difracción y de interferencia. La luz se difracta por la superposición irregular de los cristales de aragonito que componen la perla y hay una interferencias en las plaquitas.

Las perlas de agua dulce se «pescan» en los ríos de Europa y EE.UU. Las perlas marinas se encuentran en el Golfo Pérsico, el golfo de Manaar, el océano Índico, el mar Rojo, al noroeste de las costas australianas y en los golfos de California y Florida. El color y la textura de la superficie de la perla dependen en parte del tipo de molusco y de las condiciones locales.

Coral. Sustancias orgánicas

Dureza en la escala de Mohs: 3,5	Peso específico: 2,6-2,7

Los pólipos coralinos son organismos marinos relacionados con las anémonas de mar. Tienen un cuerpo cilíndrico hueco, con un anillo de tentáculos alrededor de la boca y segregan un esqueleto externo calcáreo o córneo. Los corales rojos, rosa, blancos y azules están compuestos de carbonato de calcio, mientras que los corales blancos y dorados están formados por una sustancia córnea llamada conquiolina. Los pólipos se dan normalmente en grandes colonias y forman las masas unidas y ramificadas que conocemos como coral. El coral crece cuando los pólipos ingieren pequeños animales y plantas y segregan en mayor cantidad las sustancias que forman el esqueleto. El valioso coral japonés es rojo, rosa o blanco. El coral rojo (*Corallium rubrum*) y el coral blanco (*Oculinacea vaseuclosa*) se utilizan para ornamentación. El coral negro, conocido como «Akabar» o «Coral del rey» (*Antipathes spiralis*), y el coral azul, conocido como coral «Akori» (*Allopara subirolcea*), son otras dos variedades. Presentan un granulado característico y delicado de rayas o manchas como resultado de la estructura de su esqueleto.

La mayor parte de los tipos de coral prefieren las temperaturas cálidas y viven en aguas cálidas de todo el mundo, entre ellas las costas mediterráneas italianas y africanas, donde se encuentran corales rojos y color rosa; en el mar Rojo y en las aguas de Malaysia y Japón. El coral negro y dorado se encuentra en Hawaii, Australia y las Indias occidentales.

El coral se talla en cabujón o se talla para hacer abalorios o pequeños camafeos.

El coral se ha imitado con marfil vegetal teñido, con mezclas de caucho, con mineral de yeso, con hueso teñido y con cristal, porcelana y plástico.

Gilson «creó» en laboratorio un coral manufacturado artificial machacando y tiñendo mineral de calcita. Tiene un color, brillo y aspecto similar en general, pero se puede distinguir por medio de una lupa; el coral artificial se ve completamente homogéneo, en contraste con el coral verdadero, que tiene una estructura granular como la madera.

Carey (concha de tortuga). Sustancias orgánicas

Dureza en la escala de Mohs: 2,5	Peso específico: 1,29

El carey no es concha de tortuga sino el caparazón (escudo) de una tortuga de mar llamada tortuga Hawksbill, que se encuentra en los mares de Indonesia. Está hecho de una proteína que es similar a la de los cuernos, garras y uñas animales. La concha tiene un rico moteado marrón sobre un fondo translúcido de un cálido amarillo. El moteado se puede ver al microscopio como manchas redondas de color. Visto al microscopio, puede distinguirse de imitaciones tales como el plástico, que se ve como con manchas o franjas de color más que como con puntos o lunares.

La concha de carey exhala también un olor característico, como de cabello quemado, cuando se la toca con una aguja caliente.

Para trabajar las conchas, antes hay que aplanarlas, aplicando calor poco intenso, desnudándolas de las protuberancias. Luego, las láminas se pueden comprimir juntas por medio del calor, teniendo cuidado de no recalentarlas para que no se oscurezca el color. Después, la concha se pule y se corta. En tiempos de los romanos el carey se usó para taracear muebles.Hoy se usa normalmente el plástico en lugar del carey.

La tortuga es una especie en extinción y la comercialización de los productos de la tortuga es ilegal en EE.UU.

Concha. Sustancias orgánicas

Dureza en la escala de Mohs: 2	Peso específico: 1,08

Las valvas de la concha gigante (*Strombus gigas*) son un material de varias capas, que se talla como camafeos que muestran sus dos distintos colores: rosa y blanco. La capa de color rosa se decolora por exceso de luz fuerte. Las conchas «de casco» (*Cassis madagascariensis*) se usan también para trabajarlas en camafeo. Algunas conchas, como las grandes ostras perlíferas (*Pinctada maxima* y *Pinctada margaritifera*), tienen un recubrimiento interior de un brillo iridiscente que se llama madreperla. Las conchas con colores vivos en azul y verde, llamadas conchas paua, y las caracolas se pescan por su madreperla. La parte de arriba de

otras conchas más grandes (*Trocus*) se recoge también por el valor de su concha.

Las conchas de casco se encuentran en las aguas cálidas de las Indias occidentales; las ostras *Pinctada* se encuentran al norte de Australia; las caracolas en aguas americanas, y las conchas paua, en Nueva Zelanda.

Las conchas se tallan, en particular en camafeos. La madreperla se usa para hacer botones, mangos de cuchillo, taraceados y otros usos ornamentales. La gruesa columna de los escafópodos a veces se transforma en abalorios, que se ensartan para hacer collares.

Marfil. Sustancias orgánicas

Dureza en la escala de Mohs: 2,5	Peso específico: 1,7-1,9

El marfil es un componente de los dientes o de los colmillos de todos los mamíferos. Tiene un bonito color cremoso, una textura suave y una elasticidad casi perfecta. El mejor marfil, el del elefante africano, tiene un tono transparente, suave y cálido, con un ligero veteado. Los elefantes indios tienen los colmillos más pequeños que los elefantes africanos y su marfil es más blanco, de textura más abierta; es más blando para trabajarlo, pero amarillea con más facilidad. Se han usado tanto las formas recientes como las de los fósiles. El marfil de los incisivos y dientes caninos de los hipopótamos tiene más densidad que el marfil del elefante. El marfil de la morsa tiene, exteriormente, la textura y el grano más finos que el núcleo. La ballena narval es una especie que vive en el Ártico; los machos de la especie tienen un diente incisivo que puede tener casi 2 metros de longitud.

Tiene un aspecto espiriforme, como un colmillo retorcido, y se ha vendido como «cuerno de unicornio». El marfil del jabalí y del jabalí verrugoso se usa por su dureza; es un diente curvo y basto de una consistencia más ósea que la del marfil auténtico. El cachalote o ballena esperma tiene unos dientes curvos cónicos con un marfil similar al del jabalí. La mayoría de los marfiles presentan fluorescencia con un brillo azulado a la luz ultravioleta. Cuando más basto es el marfil, más oscura será la fluorescencia azul.

Los cinceles de labrar madera se pueden usar normalmente para labrar el marfil, el cual no necesita preparación antes de su manipulación. En algunas cuevas de Francia se han encontrado marfiles tallados de mamut que se calcula que tienen unos 30.000 años de antigüedad. Se sabe que en China y en Europa se labraba marfil ornamental desde el

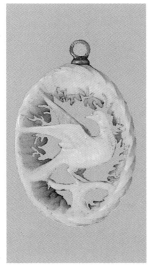

siglo XIII. El objetivo de los artesanos era conservar la forma original de la pieza de marfil tanto como fuese posible, aunque la forma fuese extraña. En el Japón, el marfil se considera un material precioso y se usa para botones de adorno (netsukes) y para hacer otros objetos decorativos y funcionales. La elasticidad casi perfecta del marfil hace de él un material ideal para hacer bolas de billar, peines de dientes finos, teclas de piano, balanzas de precisión y reglas.

En la actualidad, hay restricciones internacionales para el comercio del marfil, ocupando su lugar materiales plásticos y de otras clases. El marfil se puede imitar con el hueso, el asta de ciervo y el marfil vegetal. Entre el marfil vegetal están las semillas duras o cocos de las palmeras, así como de la palma de marfil, que crece en Perú, y la palmera centroafricana.

ROCAS: INTRODUCCIÓN

El movimiento de las placas continentales obliga a salir a la superficie el material fundido del interior de la Tierra a través de las rocas. Este material puede enfriarse y solidificarse debajo de la superficie o romper a través de ella en una erupción volcánica antes de enfriarse y solidificarse. Este proceso es la primera fase del ciclo de las rocas. Al quedar expuestas en la superficie terrestre, las rocas eruptivas son objeto de una erosión continua por parte del viento, la lluvia, las heladas y el sol. Poco a poco se van desgastando hasta convertirse en grava y en polvo. Pero el proceso no termina aquí. El viento y las corrientes de agua arrastran este polvo, depositándolo en otros lugares. A lo largo de miles de años, estos depósitos son comprimidos por el peso de otros depósitos que se forman sobre ellos. El agua se infiltra hasta ellos, haciendo que los minerales que los componen cristalicen y se expandan; o, con el agua, penetran nuevos minerales que llenan las grietas y cristalizan formando un cemento que aglutina los

depósitos hasta que vuelven a formar rocas. Ésta es la segunda fase del ciclo de las rocas; la formación de rocas sedimentarias.

En ciertas condiciones, los minerales y partículas de las rocas ígneas y sedimentarias se transforman y cristalizan formando nuevas sustancias. Ésta es la fase tercera y última del ciclo de las rocas, en la que se forman las rocas metamórficas. Pero, a su vez, estas rocas metamórficas también pueden cambiar. Si sufren nuevas presiones, los minerales que las componen pueden transformarse en nuevas sustancias mediante un proceso llamado polimetamorfismo. Si soportan un calor intenso que hace fundirse a los minerales, la nueva roca será otra vez eruptiva. Si vuelve a ser empujada hacia la superficie terrestre, comenzará de nuevo la fase de erosión y, con ella, todo el ciclo.

Debajo. Las rocas metamórficas suelen encontrarse muy al interior de las cadenas montañosas.

Las placas tectónicas

L a Tierra no es estática. Las fuerzas que dan forma a su superficie están actuando siempre, levantando lentamente las cadenas montañosas y, después y con la misma lentitud, erosionándolas hasta hacerlas desaparecer.

Cuando hervimos leche en una cacerola, en la superficie se forman nata y espuma, que se mueven en zonas, según las corrientes de convección que se producen debajo. En cierto modo, esto es lo que ha venido ocurriendo en la superficie de la Tierra.

La corteza terrestre está siendo destruida y renovada constantemente: pero no sólo las rocas de los continentes, sino toda la superficie exterior del globo. Imaginemos que la superficie de la Tierra se compone de una serie de paneles o placas, como las que forman un balón de fútbol; imaginemos que el material fundido se deposita en una «costura» de

una placa, solidificándose luego hasta formar parte de la misma. Se forma una nueva placa que, por una parte, está «tirando» siempre de la costra y, por otra, está deslizándose bajo la placa de al lado, que la va destruyendo. Esto es lo que ocurre en la superficie de la Tierra.

Toda esta actividad tiene lugar en el fondo de los océanos y esto no se descubrió hasta la década de 1960. Los océanos están surcados por una serie de cordilleras o dorsales submarinas; es en ellas donde se genera el nuevo material para la superficie. En otras zonas –y especialmente alrededor de las orillas del Pacífico– hay fosas profundas; en estos lugares es donde va a parar y se destruye el material de la superficie. Los continentes están asentados sobre estas placas móviles y están siendo «barajados» permanentemente por sus movimientos.

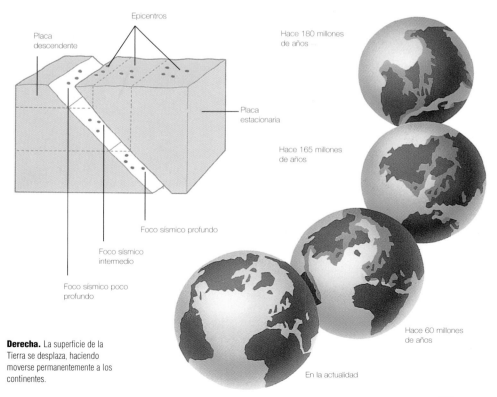

Epicentros

Placa
descendente

Placa
estacionaria

Foco sísmico profundo

Foco sísmico
intermedio

Foco sísmico poco
profundo

Hace 180 millones
de años

Hace 165 millones
de años

Hace 60 millones
de años

En la actualidad

Derecha. La superficie de la Tierra se desplaza, haciendo moverse permanentemente a los continentes.

El material de las placas tectónicas se compone de la superficie y la capa sólida más alta del manto: entre ambas forman la litosfera. Y se mueven en una zona esponjosa y fundida del mando que llamamos la astenosfera.

En las zonas donde los materiales se crean y se destruyen hay actividad volcánica y sísmica. La placa recién formada constituye el suelo orgánico y, por eso, en ningún lugar de la Tierra el fondo oceánico tiene más de unos 200 millones de años. Las zonas más jóvenes se encuentran cerca de las orillas. Donde una placa oceánica se destruye debajo de otra, el material fundido de la placa se eleva y forma cadenas de islas volcánicas como las que festonean los bordes del Pacífico. Las cadenas forman arcos, por la geometría tridimensional que supone doblar hacia abajo el borde roto de una esfera.

La corteza continental –el sial– es menos densa que la oceánica –el sima–, por lo que tiende a flotar en ella. Es demasiado ligera como para ser atraída hacia el manto –lo mismo que un trozo de tostada flotando en un fregadero no es absorbido por el remolino del desagüe– y así, cuando el continente es desplazado hasta una fosa oceánica se queda allí, plegándose con los continuos movimientos. Éste es el motivo de que, en los bordes de algunos

Debajo. Cuando una placa oceánica se encuentra con otra continental se desliza por debajo de ella. El borde de la placa continental se pliega formando una cordillera costera, perforada por los volcanes formados por el material fundido de la placa oceánica.

Valle de la falla

Volcán andino

Placa continental

Fosa oceánica

Dorsales oceánicas

Placa oceánica

Placa oceánica

Plegamiento de rocas continentales

Arriba. Cuando dos placas, al formarse, se separan una de otra, el resultado es una dorsal oceánica con volcanes submarinos.

continentes, se encuentren cordilleras activas llenas de volcanes. Cuando dos continentes se unen se fusionan en un supercontinente, elevándose una enorme cadena montañosa a lo largo de la línea de unión. El Himalaya es un ejemplo de este tipo de cadena, aún en formación. Los Urales son el ejemplo de otra unión, producida hace 300 millones de años y que ahora va siendo erosionada poco a poco.

La distribución mundial de los centros sísmicos y las erupciones volcánicas está notablemente próxima a la de los límites de las placas tectónicas constructivas y destructivas. Son un testimonio de las fuerzas gigantescas que desgarran la superficie de la Tierra cuando se está formando material nuevo y destruyéndose material viejo.

Con un análisis muy cuidadoso, podemos ver la velocidad de los movimientos tectónicos. La placa de Australia es la que se mueve más rápidamente: se está desplazando hacia el norte del continente australiano a un ritmo de algo más de 15 centímetros al año. El movimiento de la placa atlántica es más normal: entre 1,5 y 2,5 centímetros al año por cada lado. El océano Atlántico es ahora casi 10 metros más ancho que en la época de Colón.

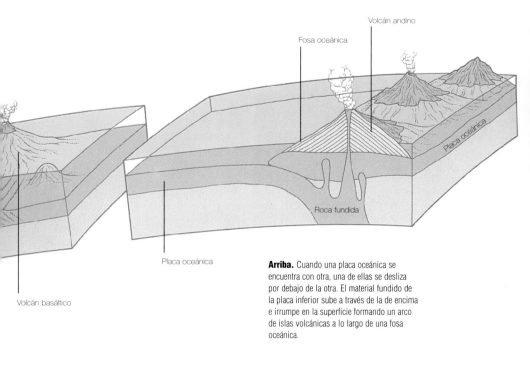

Volcán andino

Fosa oceánica

Placa oceánica

Roca fundida

Placa oceánica

Volcán basáltico

Arriba. Cuando una placa oceánica se encuentra con otra, una de ellas se desliza por debajo de la otra. El material fundido de la placa inferior sube a través de la de encima e irrumpe en la superficie formando un arco de islas volcánicas a lo largo de una fosa oceánica.

Deformaciones de las rocas

El movimiento de los continentes ha dejado su marca en las rocas que los forman. Los continentes que han cedido en una zona de subducción o se han aplastado uno contra otro para formar una sola masa de tierra, contienen rocas que han sido afectadas de varias maneras. En los casos extremos, estas deformaciones provocan metamorfismo, pero lo más frecuente es que los conjuntos de rocas se plieguen o se inclinen.

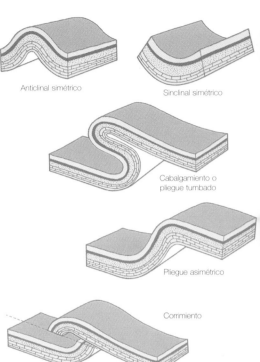

Anticlinal simétrico

Sinclinal simétrico

Cabalgamiento o pliegue tumbado

Pliegue asimétrico

Corrimiento

Arriba. En la naturaleza, los pliegues casi nunca son simples. No es normal encontrar sinclinales y anticlinales aislados como los descritos en los libros. En este ejemplo, la presión de izquierda a derecha ha hecho que el estrato se doble en un pliegue tumbado en este lugar, en el cinturón de pliegues de El Cabo, Sudáfrica.

Plegamientos rocosos

Cuando una serie de capas rocosas se comprime, se fractura o se pliega. La realidad es que algo tan aparentemente sólido y quebradizo como un lecho rocoso puede plegarse. Si empujamos un mantel puesto en la mesa, se formarán en él unas arrugas perpendiculares a la dirección de empuje; de hecho, a las formas extremas de plegamiento, donde las distintas capas de roca caen una sobre otra muy al interior se las llama «nappes». Cuando un pliegue se hunde hacia abajo se le llama sinclinal; cuando se arquea hacia arriba se le llama anticlinal.

Normalmente no se encuentran un sinclinal y un anticlinal aislados. Lo más frecuente es que vayan en serie, uno detrás de otro. El plegamiento puede ser simétrico si cada flanco del pliegue se hunde con el

Arriba. Los pliegues más simples son simétricos y cada flanco es un reflejo del otro, como en el anticlinal de arriba, a la izquierda, y el sinclinal de arriba, a la derecha. A su vez, las presiones laterales intensas forman pliegues asimétricos y cabalgamientos, acabando por seccionar el tramo del pliegue en un corrimiento.

mismo ángulo; asimétrico, si uno de los flancos tiene más pendiente que otro; y cabalgado o tumbado, si se ha vuelto sobre sí mismo. Se llaman pliegues isoclinales a los que están tan comprimidos que sus capas son paralelas unas a otras.

Es frecuente que el pliegue sea en altura, formando una cuenca o una elevación.

Normalmente, en el terreno no puede verse un pliegue en su totalidad. Se puede deducir su presencia al ver las mismas capas inclinadas en direcciones distintas y no lejos unas de otras.

Lo que hay que ver en un pliegue

Eje. La definición oficial de eje es la línea que se mueve paralelamente a sí misma para generar el pliegue. Dicho de forma más práctica, es la línea alrededor de la cual se dobla el pliegue. **Inclinación.** Si el eje no es horizontal, forma un ángulo con la horizontal llamado de inclinación. **Plano axial.** Es el plano formado por los ejes de las distintas capas del pliegue. Puede ser vertical (en un plano simétrico) o inclinado (en un plano asimétrico).

Capas competentes. Las que suelen conservar su forma original al deformarse. Tienden a romperse, más que a quebrarse. **Capas incompetentes.** Las que se deforman al plegarse. **Juntas.** Grietas que se abren a causa de la deformación. Pueden ser de buzamiento, si son paralelas al eje, o de hundimiento, si son perpendiculares a él. Suelen tender a difuminarse, especialmente en los lechos de arenisca gruesa.

Hundimiento. Ángulo de inclinación que forma un estrato con la horizontal. **Buzamiento.** Ángulo que forma con la horizontal una capa que se hunde. **Arrugas o pliegues parasitarios.** Se forman cuando capas muy finas —como las de pizarra— se deforman en pequeña escala según se va formando el pliegue.

Los símbolos son los usados en los mapas geológicos convencionales.

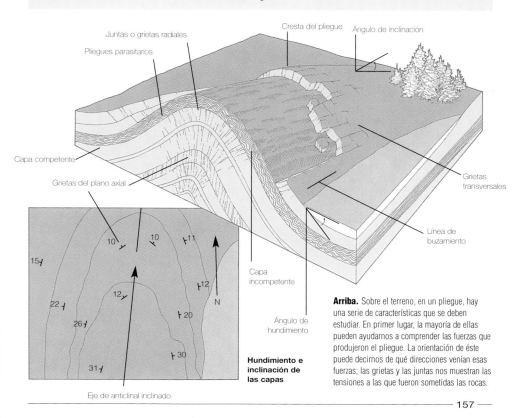

Arriba. Sobre el terreno, en un pliegue, hay una serie de características que se deben estudiar. En primer lugar, la mayoría de ellas pueden ayudarnos a comprender las fuerzas que produjeron el pliegue. La orientación de éste puede decirnos de qué direcciones venían esas fuerzas; las grietas y las juntas nos muestran las tensiones a las que fueron sometidas las rocas.

Fallas en las rocas

A veces, las rocas no se doblan sino que se fracturan y dos masas rocosas se mueven en relación una con otra. A este fenómeno se le llama falla. Las fallas se producen de muchas maneras.

Una falla normal o directa se produce cuando el movimiento es vertical, sin ningún componente lateral. La grieta o el plano a lo largo del cual se desliza la falla no tiene por qué ser vertical: generalmente es inclinado. En una falla normal, un bloque de roca se ha deslizado hacia abajo en relación con el otro a lo largo del plano inclinado de la falla. Esto ocurre por la tensión, cuando las rocas soportan fuerzas que las separan. En una falla inversa o en un corrimiento uno de los bloques de toca parece haberse movido hacia arriba en relación con el otro. Esto es causado por la compresión.

Una falla lateral es aquella en la que el movimiento predominante es horizontal. Pueden definirse algo más por el tipo de movimiento que ha habido. Falla lateral izquierda o derecha, según la forma en que parezca haberse movido el bloque opuesto.

Lo más frecuente es que la falla sea oblicua, en la que parece haber habido movimientos horizontales y verticales.

Cuando un bloque se mueve en vertical hacia abajo entre dos fallas, se dice que es un «graben»; si el graben se produce en la superficie, entonces es es «rift valley». Si un bloque se queda en pie mientras que las masas rocosas de los lados se hunden en dos fallas, lo que resulta es un «horst». Si este fenómeno se produce en la superficie topográfica, es un bloque montañoso.

Arriba. La complicada fractura de este afloramiento, en el Irán, muestra toda clase de fallas: entre ellas, una normal **(a la izquierda)**, una inversa **(abajo, a la izquierda)** y un graben **(arriba, en el centro)**.

Pero las fallas no siempre se muestran en la superficie como montes, valles, acantilados, etc. Si son muy antiguas, casi toda la zona estará erosionada, tanto que no se pueda ver diferencia en altura entre los bloques de la falla. Esto puede hacer que sea difícil estudiar las fallas, especialmente cuando los estratos se han hundido. Puede no verse bien si una determinada falla es normal, lateral u oblicua. Habrá

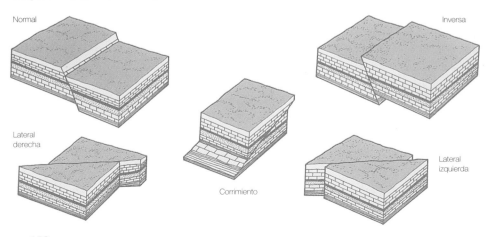

Normal

Inversa

Lateral derecha

Corrimiento

Lateral izquierda

Lo que hay que ver en una falla

La falla de la ilustración es una falla normal.

Empuje o desplazamiento. La distancia recorrida por una falla; sólo se puede medir si hay varias capas que pueden identificarse como procedentes de la misma.

Plano. La superficie a lo largo de la cual se mueve la falla.

Lados pulimentados. Marcas pulimentadas de rascaduras, que muestran cómo un bloque se ha deslizado sobre el otro.

Escarpe. Detalle topográfico de la superficie, si la erosión no la ha desgastado hasta dejarla lisa.

Brecha en la falla. Masa de material rocoso roto y aplastado por el movimiento de la falla. En casos extremos, se puede formar una roca metamórfica: la milonita.

Arrastre. Frecuentemente, las capas de los lados de la falla están torcidas y plegadas en la dirección del movimiento de la falla. Esto se conoce como arrastre.

Junta o grieta. Fractura en la roca a lo largo de la cual no ha habido movimiento relativo.

que buscar otros detalles, como la presencia de rocas ígneas intrusivas, para calcular el desplazamiento.

Puede haber fallas muy pequeñas, con un desplazamiento de sólo unos centímetros. Con los movimientos en gran escala de las placas tectónicas, puede haberlas de miles de kilómetros. La falla de San Andrés, de la costa occidental de América del Norte, corre por lo menos a lo largo de 1.300 km y está causada por un movimiento relativo de la placa del Pacífico y de la placa de América del Norte. Se trata de una serie de fallas rectas laterales, casi todas paralelas entre sí. En los últimos dos millones de años, el movimiento relativo ha sido de unos 16 km. Es este movimiento el que provoca los terremotos.

Izquierda y derecha. Lo mismo que en un pliegue, podemos estudiar sobre el terreno varias características de la falla. Muchas de ellas nos darán una idea de las fuerzas tectónicas que hicieron que las rocas se rompieran; por ejemplo, si eran tensiones o compresiones y las direcciones en que actuaban.

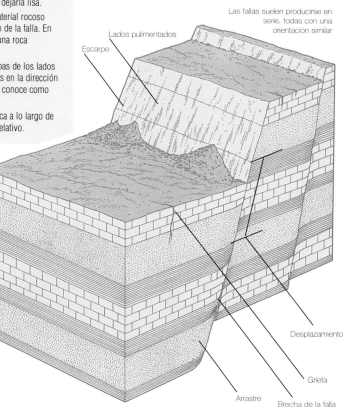

Las fallas suelen producirse en serie, todas con una orientación similar

Lados pulimentados

Escarpe

Desplazamiento

Grieta

Arrastre

Brecha de la falla

Detalles a pequeña escala

L os pliegues y las fallas son los efectos más visibles causados por las deformaciones de la estructura rocosa producidas por los movimientos tectónicos. Sin embargo, hay otros muchos.

1

La parte superior se enfría rápidamente: juntas o grietas irregulares

La masa principal se enfría lentamente: columnas hexagonales bien definidas

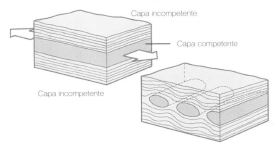

Capa incompetente

Capa competente

Capa incompetente

Morcilla (arriba). Cuando una capa competente situada entre dos incompetentes es sometida a una extensión (estiramiento), puede romperse en trozos; luego, el material incompetente se aprieta alrededor, llenando los espacios vacíos y el corte de material competente puede parecer una ristra de salchichas.

2

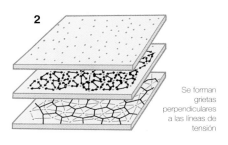

Se forman grietas perpendiculares a las líneas de tensión

Ortogneis (debajo). Los nuevos minerales producidos por las rocas metamórficas pueden sufrir deformaciones similares. Cuando una roca es sometida a tales presiones y tensiones que se transforma en gneis, pueden formarse cristales nuevos, como el granate. Si la roca sigue sometida a esfuerzos, los cristales pueden girar y abrir grietas a los lados. Estas grietas se pueden rellenar con otros minerales (como cuarzos), formando una estructura parecida a un ojo que se llama «ortognéis» o «augens» (barrenos).

3

Las grietas horizontales dividen a las columnas en bloques, con depresiones poco profundas, arriba

Articulación en columnas (arriba, 1-3). Al enfriarse, la lava se contrae hasta ocupar un menor volumen. La contracción se produce hacia una serie de centros aleatorios en la masa. Estos centros se distribuyen por igual y, en consecuencia, la estructura se divide en una serie de columnas verticales. Estas columnas tienden a ser hexagonales por la misma razón que es hexagonal un panal: en un espacio dado, permite formarse el mayor número de hexágonos. Después, un segundo tipo de grieta puede dividir cada columna en trozos regulares, de modo que parezcan una serie de pilas de prismas hexagonales. Hay muchos lugares famoso y bellos que son consecuencia de estas formaciones basálticas con forma de columnas.

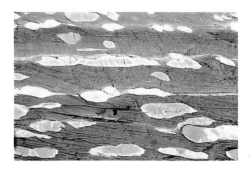

Fracturas en escalón (debajo). Cuando dos masas de rocas se cortan en sentidos opuestos, las tensiones producidas entre ellas abren grietas, pero en sentido oblicuo. Se puede observar el mismo efecto echando arcilla o masa de harina sobre dos bloques de madera puestos uno al lado de otro, haciéndolos luego deslizarse en direcciones opuestas. En la arcilla aparecen grietas en escalón. Si la tensión continúa, la roca que hay entre las grietas se deshace, formando una brecha de falla. O también, las grietas oblícuas se llenan de depósitos materiales.

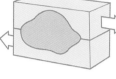

Parteluces (arriba). Una capa competente sometida a una gran tensión puede dividirse en prismas perpendiculares a las fuerzas de extensión. Esta misma fuerza puede hacer que los prismas giren unos contra otros, desgastando sus aristas.

Dendritas (debajo). Una grieta es tan estrecha que el agua se infiltra con dificultad, por lo que no deposita los materiales por igual, sino de manera gradual. Los óxidos de manganeso se suelen depositar de esta forma, produciendo una estructura ramificada que parece una planta fósil. A veces, esto ocurre dentro de un mineral de sílice, dando lugar a una piedra preciosa llamada ágata de musgo.

Vetas (arriba). Las grietas provocadas por la extensión y no por la compresión pueden abrirse. Los espacios que se forman suelen rellenarse con minerales depositados por el agua del suelo, normalmente cuarzo pero también, a veces, calcita. Las vetas así formadas pueden ser muy visibles, al contrastar el mineral de color claro con una roca de color oscuro.

Las modificaciones descritas afectan a las rocas después de que se han formado. La roca original está tan deformada que es muy difícil reconstruir la historia de la zona. Hay una regla útil: si la estructura A corta en diagonal a la estructura B, la A es más jóven que la B. Así, si hay una veta que pasa a través de un conjunto de parteluces hasta que se corta bruscamente por una falla, podemos deducir que los parteluces se formaron primero, luego se inyectó la veta y después se produjo la falla.

Estructuras ígneas

La lava fundida que se desliza por las grietas y rellena los huecos se solidifica formando rocas ígneas intrusivas. Como consecuencia, se forman estructuras rocosas peculiares.

En gran escala, en las rocas continentales pueden introducirse grandes volúmenes de magma, que normalmente funde y asimila el material continental solidificándose en grandes masas a mucha profundidad. Esto suele ocurrir en el núcleo de las montañas de plegamiento: la enorme estructura que se forma se llama batolito. En un batolito, la roca que más se encuentra es el granito.

Si las montañas sufren una gran erosión hasta llegar muy a su interior, el batolito aparecerá en la superficie, formando grandes zonas de paramera con formaciones graníticas prominentes. Las parameras del sudoeste de Inglaterra son la superficie de un vasto manto de lava que hay debajo del Devon y Cornualles y que llega hasta las islas Scilly.

En general, las rocas ígneas son más duras que las rocas en las que son inyectadas. Cuando hay una zona de erosión, suelen destacar en el paisaje como rasgos distintivos: acantilados en el borde de una elevación o estructuras parecidas a murallas que cortan el paisaje.

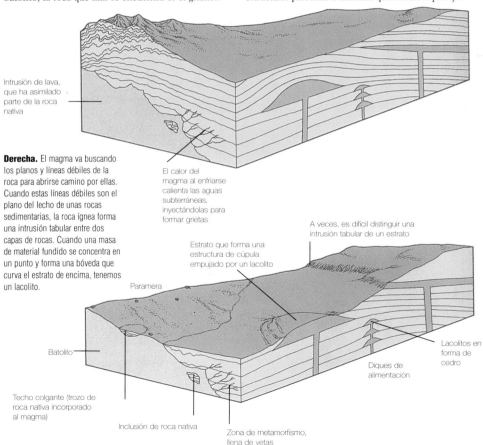

Intrusión de lava, que ha asimilado parte de la roca nativa

Derecha. El magma va buscando los planos y líneas débiles de la roca para abrirse camino por ellas. Cuando estas líneas débiles son el plano del lecho de unas rocas sedimentarias, la roca ígnea forma una intrusión tabular entre dos capas de rocas. Cuando una masa de material fundido se concentra en un punto y forma una bóveda que curva el estrato de encima, tenemos un lacolito.

El calor del magma al enfriarse calienta las aguas subterráneas, inyectándolas para formar grietas

A veces, es difícil distinguir una intrusión tabular de un estrato

Estrato que forma una estructura de cúpula empujado por un lacolito

Paramera

Batolito

Techo colgante (trozo de roca nativa incorporado al magma)

Inclusión de roca nativa

Zona de metamorfismo, llena de vetas

Diques de alimentación

Lacolitos en forma de cedro

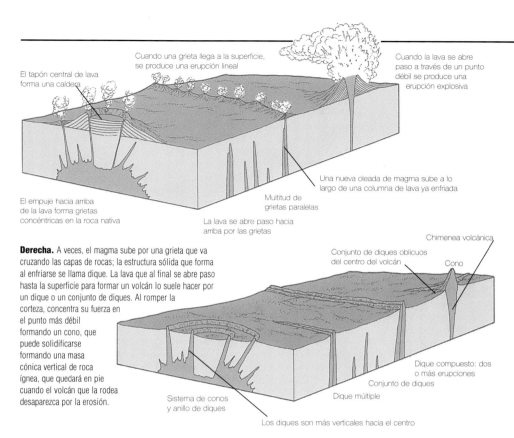

Cuando una grieta llega a la superficie, se produce una erupción lineal

El tapón central de lava forma una caldera

Cuando la lava se abre paso a través de un punto débil se produce una erupción explosiva

Una nueva oleada de magma sube a lo largo de una columna de lava ya enfriada

El empuje hacia arriba de la lava forma grietas concéntricas en la roca nativa

Multitud de grietas paralelas

La lava se abre paso hacia arriba por las grietas

Derecha. A veces, el magma sube por una grieta que va cruzando las capas de rocas; la estructura sólida que forma al enfriarse se llama dique. La lava que al final se abre paso hasta la superficie para formar un volcán lo suele hacer por un dique o un conjunto de diques. Al romper la corteza, concentra su fuerza en el punto más débil formando un cono, que puede solidificarse formando una masa cónica vertical de roca ígnea, que quedará en pie cuando el volcán que la rodea desaparezca por la erosión.

Chimenea volcánica

Conjunto de diques oblicuos del centro del volcán

Cono

Dique compuesto: dos o más erupciones

Conjunto de diques

Dique múltiple

Sistema de conos y anillo de diques

Los diques son más verticales hacia el centro

¿Intrusión tabular o río de lava enterrado?

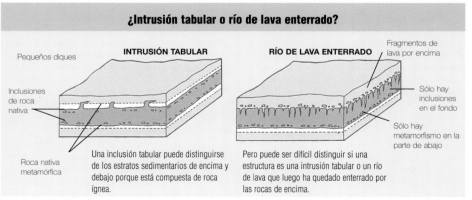

Pequeños diques

INTRUSIÓN TABULAR

RÍO DE LAVA ENTERRADO

Fragmentos de lava por encima

Inclusiones de roca nativa

Sólo hay inclusiones en el fondo

Sólo hay metamorfismo en la parte de abajo

Roca nativa metamórfica

Una inclusión tabular puede distinguirse de los estratos sedimentarios de encima y debajo porque está compuesta de roca ígnea.

Pero puede ser difícil distinguir si una estructura es una intrusión tabular o un río de lava que luego ha quedado enterrado por las rocas de encima.

Estructuras sedimentarias

Un lecho oceánico puede convertirse en una montaña y luego en una llanura. Todos estos hechos pueden leerse en las rocas.

Las rocas sedimentarias son mudos testigos de su propia creación. La propia naturaleza de las rocas nos facilita una parte de la historia. Por ejemplo, la piedra caliza se forma en los mares ricos en carbonatos; la sal gema se forma cuando el agua del mar queda expuesta al sol en las zonas poco profundas y se evapora; los esquistos y piedras arcillosas se forman en agua fangosa; las areniscas se forman en los desiertos o en las orillas arenosas de los ríos.

Pero es la estructura interior de las rocas la que nos da detalles sobre su proceso de formación. He aquí algunos tipos de estructuras a buscar.

Marcas en relieve

Una corriente marina puede transportar una concha o un fragmento de roca, arrancándolos del fondo y arrastrándolos por el fondo del mar. Las marcas pueden darnos una idea de la dirección de la corriente.

Normalmente, no es la marca la que se conserva, sino el molde que queda cuando los sedimentos rellenan el agujero. Cuando, al final, la roca queda expuesta, el fino material en el que se hicieron las

Arriba. Las marcas onduladas se conservan en la piedra arenisca.

marcas suele ser muy frágil y se erosiona enseguida. Pero el material que lo cubre es más áspero y más duro –normalmente el fondo de una capa en pendiente– y conserva la impresión por más tiempo. Por esto, es más fácil ver huellas de dinosaurio como salientes en tres dimensiones en las formaciones rocosas, en vez de en las depresiones originales hechas por el animal.

Marcas onduladas

Todos hemos visto las huellas de olas que la bajamar deja en la arena. Estas marcas onduladas así formadas pueden conservarse en una capa de arenisca.

Seudomorfos de sal

Cuando se evapora una charca de agua de mar, en ella queda la sal en forma de cristales; a veces, estos cristales pueden ser bastante grandes, formando cubos perceptibles. Cuando vuelve a entrar el agua en la zona, la sal de disuelve y desaparece, pero puede dejar tras de sí unas depresiones cúbicas que, más tarde, pueden rellenarse con sedimentos. Cuando estas formas de cristal se conservan como moldes de piedra, se las llama metamorfos: falsas formas.

1

La mayoría de los sedimentos se depositan en la punta de la lengua

Corriente del río

Sedimentos en forma de lengua

Depósitos superiores

Depósitos intermedios

Depósitos inferiores

2

La corriente vuelve a circular

Las capas superiores del primer depósito desaparecen con la erosión

3

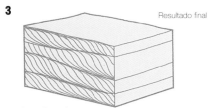

Resultado final

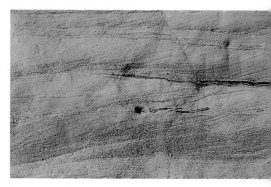

Lecho de una corriente.

Lecho de una duna.

Lechos fluviales

Los cauces de los ríos se pueden identificar por la presencia de lechos de corriente. La arena del río se deposita en forma de lengua. Desde la punta de ésta se van formando depósitos sucesivos, en unas capas en forma de S: una capa fina sobre la parte de arriba, una capa gruesa prolongándose en oblicuo al frente y otra capa fina sobre la parte de arriba del depósito anterior. Cuando la corriente cambia, el depósito superior y la parte de arriba del intermedio son arrastrados y vuelve a formarse una lengua de sedimentos sobre lo que ha quedado. La serie de lechos resultantes muestra unas estructuras curvas que representan las partes de abajo de los sucesivos depósitos en forma de S.

Lechos de dunas

Con la arena del desierto sucede exactamente lo mismo cuando las dunas se van desplazando una sobre otra por la acción del viento. Pero, así como las lenguas de los sedimentos fluviales pueden tener 30 o 40 centímetros de grosor, las de las dunas pueden tener decenas de metros. Lo que distingue a éstas es la gran escala de su estructura.

Lechos hundidos

A veces, los lechos de arenisca parecen haberse hundido por completo, produciendo una masa deformada. Esto es la consecuencia de que los lechos hayan permanecido fluidos, deformándose con el peso de la arena acumulada encima.

Arriba. Estructuras flamígeras.

Estructuras flamígeras
Cuando una masa de sedimento se deposita de repente sobre una capa blanda, la masa puede hundirse en ella. Luego, el material más blando puede ser empujado hacia arriba y arrastrado por la corriente. En un corte vertical, lo que resulta tiene una estructura muy sinuosa y en disminución.

Grietas de fango
El fango expuesto al sol se seca y se cuartea. Al hacerlo, las grietas forman una especie de losetas poligonales. Por último, si hay un depósito de arena posterior, las grietas se rellenan.

Agujeros de lluvia
En las regiones secas, las escasas gotas de lluvia pueden hacer unos agujeros en algunos sedimentos. Si estos agujeros se convierten en piedra, pueden considerarse como «climatología» fósil.

Grosor del grano
Una corriente rápida puede transportar fragmentos más pesados que una lenta. Las rocas sedimentarias de grano más grueso son depósitos hechos por corrientes más rápidas que las que depositan los esquistos, más finos. A veces, una corriente pierde velocidad y se detiene. Cuando esto ocurre, lo primero que se deposita es el material pesado y, luego, el ligero encima de él. El resultado puede ser un lecho de arenisca, con granos gruesos en el fondo.

Redondeado
Los fragmentos de roca que son arrastrados por una corriente tienden a perder, por choque, sus aristas y cada vez se hacen más esféricos.

Si en una roca sedimentaria se encuentran fragmentos dentados, se puede decir que no han sido transportados muy lejos. En cambio, los fragmentos muy redondos se han ido puliendo durante mucho tiempo antes de detenerse.

En la piedra arenisca de los desiertos se encuentran granos de arena redondeados. Han sido transportados por el viento, las tormentas de arena y las dunas móviles durante miles de años, antes de quedar finalmente enterrados y convertidos en roca.

Marcas «de suela»
Cuando una corriente torrencial pasa sobre una zona de depósitos marinos, los sedimentos finos y blandos depositados sobre la capa anterior se revuelven y se les excavan unos huecos. Estos huecos se reflejan en la estructura gruesa del fondo de la siguiente capa sedimentaria, conservándose en la roca final: en la «suela» de un lecho gradual. Pueden ir en cadena o en forma de media luna –con el hueco contra corriente– y en este caso se les llama moldes abocardados.

Arriba. Moldes abocardados.

Secuencias sedimentarias

Situémonos en el muelle de un puerto fluvial, viendo cómo el río fluye hacia el mar. Puede que, hace sólo unos cientos de años, el propio puerto estuviera dentro del mar. Los sedimentos que arrastra el río pueden haberse estado acumulando en su desembocadura durante cientos de años, formando el delta. Si, en sólo unos cuantos siglos, el paisaje puede cambiar de tal manera, imaginemos los cambios que puede haber en la inmensidad del tiempo geológico.

Pero estos cambios están registrados en las rocas. Una típica secuencia de roca de la época del Carbonífero puede ir, de abajo a arriba, como sigue (es un convenio geológico tratar los estratos de roca desde el fondo hacia arriba, porque así se refleja la secuencia de la formación de depósitos).

Puede haber una capa de caliza conteniendo fósiles de criaturas marinas. Sobre ella, puede haber una capa de esquisto, también con fósiles marinos.

Izquierda. Esta orilla de un río en el límite entre Escocia e Inglaterra muestra una típica secuencia sedimentaria del principio del período Carbonífero.

Luego vendría un lecho de arenisca –o, mejor, varios lechos, que llegan a formar una capa muy gruesa–. La arenisca puede tener lechos o depósitos fluviales. Hacia la parte de arriba, se iría haciendo muy pálida y aparecerían en ella fragmentos de carbón. Sobre este estrato, habría una capa de carbón. Luego, podría haber otra capa de caliza, seguida por otra de esquisto, y así sucesivamente. La secuencia puede repetirse muchas veces.

El hecho de describir esta secuencia de abajo a arriba se debe a una ley fundamental en el estudio geológico. La Ley de Superposición dice que, en cualquier secuencia de rocas no removidas, las más antiguas están en el fondo.

Es importante el concepto de «secuencia no removida». Porque una secuencia de rocas sedimentarias puede estar completamente invertida, como en el pliegue de abajo de un cabalgamiento. Entonces, hay que observar las estructuras de cada capa, para ver cuál debe ser la parte de arriba: capas inclinadas hacia arriba, capas normales plegadas normalmente, etc. Es éste un procedimiento al que los geólogos de campo llaman «rejuvenecimiento».

Otra regla importante es el principio de la Continuidad Lateral: cuando vemos una serie de rocas iguales que sobresalen en varios lugares, podemos suponer que, en su momento, formaban una capa continua que ha ido desapareciendo por erosión.

El análisis de una secuencia nos da una historia de la zona que refleja, por ejemplo, épocas de inundación por agua de mar o agua dulce, épocas de aridez y épocas de crecimiento vegetal de diversa intensidad.

Izquierda. Sección transversal de una secuencia sedimentaria típica de principios del período carbonífero (como la de la pág. 167). En la base **(1)** y casi siempre debajo de la grava hay una capa espesa de piedra arcillosa depositada por aguas fangosas. Encima de ella, hay una capa de arcilla endurecida **(2)** que sobresale, formada por partículas más finas depositadas por aguas de lluvia poco profundas. Viene luego una capa de arcilla más blanda **(3),** formada en condiciones parecidas, pero menos compacta y oscurecida por fragmentos de plantas; esta capa debió formarse en aguas muy superficiales porque, encima de ella, hay una capa de carbón **(4),** cuyo saliente tiene manchas rojas de hierro de otras rocas. Encima del carbón, hay otra capa de arcilla más blanda **(5),** que nos dice que la vegetación también estuvo sumergida en aguas poco profundas. Sobre ésta viene una serie de capas finas de arenisca **(6),** que sobresalen claramente una a una del acantilado; éstas se depositaron en un río de corriente variable. Las aguas, más tranquilas, que siguieron dieron lugar a otro lecho de arcilla blanda **(7)** y sobre ellas se depositó más arena, hasta formas una capa gruesa de arenisca **(8),** que forma la cornisa de la cima del acantilado.

Disconformidades

Cuando una secuencia de rocas emerge por encima del nivel del mar, el viento y la lluvia comienzan a actuar inmediatamente para erosionarla. Las fuerzas erosivas rompen las rocas expuestas y arrastran los fragmentos para formar nuevas rocas sedimentarias, Al final, el paisaje se hace llano y el mar puede cubrirlo de nuevo.

Cuando ocurre esto, sobre la superficie erosionada se deposita una nueva secuencia de sedimentos que, al final, se convierten en rocas sedimentarias. A la separación entre las rocas nuevas y las antiguas de debajo se la llama en geología una «disconformidad» o desemejanza.

En casi todos los casos, inmediatamente encima de una disconformidad hay una capa de conglomerado: se trata de los restos de una playa de guijarros que se formó en la superficie erosionada según iba avanzando el mar por encima de ella. A este avance del mar se le llama transgresión y, cuando el mar se retira, se dice que es una regresión.

Pero no es fácil reconocer una regresión en una secuencia de rocas. Deja los sedimentos expuestos a los agentes atmosféricos, que luego son erosionados destruyendo cualquier prueba de la retirada del mar.

Para fechar la secuencia de las rocas es importante la presencia de una disconformidad. Hemos visto cómo se pueden fechar los acontecimientos geológicos de una zona observando qué estructura ígnea corta a otra y qué fallas cortan a una determinada secuencia. Si una disconformidad corta un dique, podemos deducir que el dique se formó antes y que la secuencia de rocas fue erosionada después para producir la disconformidad.

Al estudio de las secuencias de los tipos de rocas y de las historias que nos cuentan se le llama estratigrafía. Cuando se aplican las técnicas de la estatigrafía sobre un área extensa, a veces se puede encontrar la distribución de mares y tierras y los diversos ambientes en un período determinado del tiempo geológico. A este estudio se le llama paleogeografía.

Arriba. Una disconformidad oblicua. Es fácil de identificar: las capas de debajo forman un ángulo con las de arriba.

Erosión y geomorfología

El incesante movimiento de las placas de la superficie terrestre hace elevarse los perfiles del paisaje y que las montañas se levanten hacia el cielo; pero, en cuanto una zona de roca se eleva sobre el nivel del mar, el viento, la lluvia y el hielo, los ríos, el sol y la gravedad empiezan a actuar para volver a nivelarla. Podemos ver a la geomorfología –la forma de los paisajes– como un equilibrio temporal entre esas fuerzas.

Veamos un cementerio, preferiblemente antiguo. Las lápidas recientes estarán bastante limpias, con sus inscripciones nítidas y legibles. Pero las antiguas estarán gastadas y decadentes y las más viejas serán casi indescifrables. La mayoría de ellas serán de la misma clase de piedra –seguramente, una de la zona– y podremos ver lo rápidamente que se erosiona la piedra a la intemperie con sólo mirar las fechas esculpidas.

Si en el cementerio hay sepulturas hechas de distintas clases de piedra, veremos que hay unas que se desgastan antes que otras. Por ejemplo, el mármol –una roca metamórfica– se estropea muchísimo más deprisa que la caliza, una piedra sedimentaria de la que procede.

Los distintos climas producen distintos ritmos de erosión. En un clima húmedo, los materiales se pudren antes que en uno seco. Sin embargo, en cualquier caso, hay que distinguir dos tipos de erosión: la física y la química.

Los pedregales en declive, como los de la región inglesa de los lagos **(izquierda)**, son producto de la erosión física. El agua que se mete en los poros y grietas de las rocas, al helarse se expande, rompiéndolas. La erosión biológica se produce cuando las raíces se introducen en las grietas de la piedra, rompiéndola al crecer, como en este ejemplo de Filipinas **(derecha)**. Hay una erosión que es como la de las capas de una cebolla, cuando una piedra se desintegra capa por capa como ésta de Tanzania **(abajo a la derecha):** la origina la erosión combinada física y química en climas áridos.

Erosión física

En ésta, son los efectos mecánicos del viento y la lluvia torrencial, las heladas y los movimientos de los animales los que producen la erosión.

En latitudes altas (regiones frías) y a gran altura, seguramente el factor más importante en la erosión de las rocas son las heladas. El agua de la lluvia se infiltra en los poros y grietas de las piedras. Al helarse, el hielo aumenta de volumen en cerca de un 9 por 100, abriendo más los poros y las grietas. Al entrar más agua y helarse, se aplica más fuerza. La presión puede llegar a ser cien veces mayor que la del aire en un neumático de un coche. Al final, la roca a la intemperie se desintegra, convirtiéndose en

Derecha. La caliza (calcita mineral) es muy vulnerable a la erosión química. Se disuelve en los débiles ácidos del agua de lluvia que se infiltra en las grietas de la roca. Las grietas se van abriendo, formándose tajos llamados cárcavas, dejando en pie unos bloques rectangulares de piedra llamados «clints». Esta acción se prolonga bajo el suelo, formando grutas y cuevas, en donde la calcita vuelve a depositarse formando estalactitas y estalagmitas.

Izquierda. Dunas de arena en el desierto central de la Arabia Saudí, formadas por los vientos dominantes del norte. La parte azul es una costra de barro salino.

Recuadro. Las partículas de arena, desmenuzadas y llevadas a la playa por el mar, son arrastradas por el viento. Se van moviendo lentamente por el suelo, formando ondas y dunas, más grandes. Al final, las hierbas colonizan las dunas, anclándolas al terreno para formar un paisaje permanente.

cascajo; sus trozos angulosos se depositan en largas pendientes llamadas cascajeras o desgalgaderos, cayendo de los bloques de piedra dentados y llenos de esquirlas.

En los climas secos y cálidos, la diferencia de temperatura entre el día y la noche puede tener efectos destructivos. Las rocas se dilatan con el calor y se contraen con el frío. Cuando esto ocurre, las capas de piedra expuestas a la intemperie suelen separarse de las que tienen debajo. Esto se ve mejor cuando las capas están bien delimitadas, con planos de rotura paralelos a la superficie. Cuando esto ocurre en rocas macizas –como el granito–, la consecuencia es que la roca se erosiona en lajas curvadas, un proceso que recibe el nombre técnico de exfoliación o el más descriptivo de erosión «de capas de cebolla». Desde luego que a esta acción contribuye lo que se conoce como disminución de la presión, porque cuando el peso que gravita sobre una roca desaparece por la erosión, ésta se expande.

El actor principal de las zonas áridas es el viento. Puede arrastrar partículas secas y estrellarlas contra las piedras desgastándolas. Casi todo esto sucede cerca del lugar desde donde son arrastradas las partículas de arena. Una consecuencia bastante corriente es una piedra que parece una seta, con una cabeza ancha y un tronco estrecho que ha sido tallado por la arena. Otro fenómeno es el *dreikanter,* una piedra desgastada por tres lados: hay una piedra en el suelo y la arena que transporta el viento dominante la erosiona por un lado; la piedra se desequilibra y cae, exponiendo otro de sus lados a la erosión.

Un último factor de la erosión física es el papel de los seres vivos. Los árboles que crecen en tierra hunden sus raíces en el lecho rocoso. Las raíces provocan grietas y se multiplican, desgajando la roca. Hay ciertos crustáceos que incluso pueden horadar las piedras, haciéndolas romperse.

Erosión química

Una lluvia suave puede a veces ser muy dura. Puede ser muy ácida, bien por contener gases ácidos industriales disueltos o, más probablemente, por haber disuelto el anhídrido de carbono de la atmósfera para formar ácido carbónico.

Hay ciertos minerales sensibles al ataque de este ácido aerotransportado, especialmente el feldespato y la calcita. El granito se compone principalmente de cuarzo, feldespato y mica. En los climas húmedos, el

feldespato puede reaccionar con los ácidos atmosféricos y degenerar en minerales arcillosos; esto hace desprenderse y caer a los demás minerales de las rocas. La consecuencia es que en las zonas graníticas hay canteras de caolín y, junto al mar, hay playas blancas de arena de cuarzo y mica.

La caliza –compuesta principalmente de calcita– también se erosiona por la lluvia ácida. El agua se infiltra por las grietas, disolviendo sus bordes y abriendo unos huecos llamados cárcavas, que dejan en pie unas piedras llamadas «clints».

Rambién las rocas ígneas básicas –como el gabro– se erosionan así. El olivino es muy vulnerable, pero más al agua que al ácido que contenga ésta. El agua penetra por las grietas y ataca por todos los lados a la vez. La consecuencia es que la roca se erosiona. Las aristas son más vulnerables y se deshacen, hasta que la masa se transforma en una colección de bolas o esferas: de ahí el nombre de erosión esférica.

El ciclo del agua y los efectos de los ríos

El agua está moviéndose constantemente en toda la superficie de la Tierra: en las mareas, en las olas del mar que rompen, en los ríos que fluyen. El sol evapora el agua de la superficie de los mares y el viento transporta el vapor. Al cambiar las condiciones –como cuando desciende la temperatura– el vapor se condensa, primero en gotitas que forman las nubes y luego en gotas que forman la lluvia. Cuando la lluvia cae al suelo puede hundirse en la tierra o correr por la superficie. Al final se abre camino en arroyos y ríos y corre hasta volver a los océanos. A esta secuencia se la llama el ciclo del agua y tiene una gran influencia en la vida y el paisaje de la Tierra.

Las edades de los ríos

Tanto los geógrafos como los geólogos están de acuerdo en que los ríos pasan por tres fases: juventud, madurez y vejez.

Como es lógico, todos los ríos son diferentes: un río puede saltarse una fase, yendo directamente de su fase joven en las montañas a su fase vieja en las llanuras. También los ríos cambian al pasar el tiempo, variando sus fases a medida que se erosionan las montañas y se forman las llanuras.

Todas las fases son de interés para los geógrafos. Pero, para el geólogo práctico, la más importante es la fase joven. En ella, el río está siempre erosionando las rocas, dando buenas partes expuestas y cortes transversales de la geología de la zona. Cuando un lecho de roca es desgastado por una corriente de agua, si los fósiles que contiene son de un mineral más duro quedan en relieve. Las cascadas y los rápidos se forman sobre lechos de rocas más duras, dando una indicación de la disposición geológica.

En la fase madura, los restos depositados son más explícitos que los lechos rocosos. Se los verá en la parte exterior de las curvas, donde la corriente es más rápida y va «mordiendo» la orilla. Las escarpaduras de un valle pueden estar cortadas en la roca nativa, pero es probable que sean formaciones recrecidas. A veces, pueden verse piedras interesantes embebidas en las raíces de los árboles muertos que han sido arrastrados y depositados durante las avenidas; pueden dar una idea de la composicón geológica de las montañas.

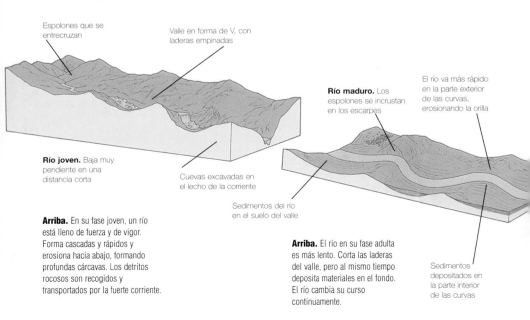

Espolones que se entrecruzan

Valle en forma de V, con laderas empinadas

Río maduro. Los espolones se incrustan en los escarpes

El río va más rápido en la parte exterior de las curvas, erosionando la orilla

Río joven. Baja muy pendiente en una distancia corta

Cuevas excavadas en el lecho de la corriente

Sedimentos del río en el suelo del valle

Arriba. En su fase joven, un río está lleno de fuerza y de vigor. Forma cascadas y rápidos y erosiona hacia abajo, formando profundas cárcavas. Los detritos rocosos son recogidos y transportados por la fuerte corriente.

Arriba. El río en su fase adulta es más lento. Corta las laderas del valle, pero al mismo tiempo deposita materiales en el fondo. El río cambia su curso continuamente.

Sedimentos depositados en la parte interior de las curvas

Derecha. El drenaje en enrejado –como en este ejemplo de Groenlandia– es consecuencia de la captación de un río. Un río puede cortar a través de una línea de alturas, formando un valle por el que correrán otros ríos que, en principio, fluían hacia el otro lado de las alturas. Un río que fluye por una llanura lisa forma una serie de curvas naturales llamadas meandros.

Clases de ríos

Si arrojamos agua sobre una superficie irregular, ésta corre por las partes bajas y rodea los puntos altos, yendo en el sentido de la pendiente. Los ríos, en su paso desde la juventud a la vejez, pasando por la madurez, hacen exactamente lo mismo. Los puntos bajos y altos que siguen o

Debajo. Un río en su vejez es perezoso y lento. Ya no puede erosionar, sino depositar el material arrastrado en las fases anteriores. Aparecen meandros y, en época de crecidas, se forman unas orillas altas llamadas diques.

Río viejo.
Más alto que la llanura aluvial

Meandro

Lazo, cuando el río sobrepasa el meandro

Pantanos y vega del río

Derramas depositadas por las riadas

Lago formado por un meandro abandonado

Delta, en la boca del río

evitan se deben en buena parte a la geología de la zona. Una fotografía aérea de un río que se forma en rocas sin estructurar –como en un gran batolito de granito– nos muestra arroyos y afluentes que convergen en un dibujo aleatorio, pero por igual. A este dibujo se le llama drenaje dendrítico: es una referencia a su parecido con las ramas de los árboles.

Pero los estratos en pendiente producen dibujos de drenaje muy diferentes. Cuando hay rocas duras alternadas con rocas blandas –por ejemplo, pizarra entremezclada con arenisca–, las rocas blandas siempre se erosionan antes. Un río tiende naturalmente a seguir los afloramientos de rocas blandas y, como consecuencia, corre paralelo al buzamiento. Sin embargo, las rocas más duras y más altas también desarrollan sus propios niveles subterráneos de agua –llamados tablas– y generan manantiales; y los arroyos formados por éstos corren por la pendiente del estrato para unirse a los ríos en los valles de roca blanda. Esto produce un dibujo rectangular del río, con los afluentes encontrándose con las corrientes principales en ángulo recto: un dibujo llamado drenaje en enrejado.

Un río que corre por un estrato inclinado erosiona inevitablemente su lecho. Cuanto más entre el lecho en la tabla acuífera, más altos estarán los manantiales. Por último, el río puede incluso cortar una elevación de roca más dura; y el río del

valle contiguo puede cambiar su curso para salir a través de la garganta que acaba de formarse. A esto se le llama captación de un río; normalmente, el río que corre por el valle original queda muy reducido. Cualquier estructura en forma de cúpula –por ejemplo, unas capas sedimentarias levantadas por un lacolito– produce un dibujo de drenaje radial en el que los ríos corren hacia afuera siguiendo las pendientes de los estratos.

Un ejemplo de este drenaje radial es la región inglesa de los Lagos. Los ríos fluyen a partir de un centro, pero allí no hay lechos inclinados para indicar su origen. En realidad, existió una vez una cúpula de rocas muy jóvenes en la que empezaron los ríos, pero al final desapareció por la erosión: no sólo la de los ríos sino la de otras fuerzas erosivas. Los ríos siguieron por los cauces que ya habían hecho, sin tener en cuenta los cambios geológicos. Esto es lo que se conoce como drenaje superpuesto.

En su fase madura, un río corre en meandros a lo largo del suelo de su valle. Si toda la zona se levanta, el río empezará a ahondar en su cauce. El resultado es

Arriba. Cuando una llanura es levantada por movimientos terrestres, un río puede ir excavando su lecho, siguiendo el curso del meandro original. La consecuencia en un meandro en tajo o de tajo, como éste del río Colorado.

una garganta sinuosa que sigue la línea del lecho original del río; a esto se le llama un meandro de tajo.

Probablemente el ejemplo más espectacular de drenaje superpuesto es el río Brahmaputra. No hay más que ver un mapa: nace en China, al norte del Himalaya, corta una garganta hacia el sur, en lo que es la cordillera más alta del mundo, y llega al océano Índico en Blangladesh. Es evidente que el río estaba allí antes de que existiese el Himalaya, corriendo hacia el sur del continente asiático. Después, cuando las placas tectónicas hicieron chocar la India con Asia, empezó a excavar a través de las montañas que se habían levantado y luego a través de las que se levantaron después: el ritmo de erosión se iba adecuando al ritmo de elevación de las montañas.

El cambio constante del comportamiento de los ríos deja nuevas rocas expuestas para el geólogo.

Paisajes subterráneos

L a lluvia que cae en el campo se filtra en su mayor parte en la tierra. Se concentra en la zona de saturación, donde todos los poros y grietas de la roca y del suelo están ya llenos de agua. La parte alta de esta zona es la tabla o manto acuífero: un concepto importante para planear y perforar pozos. Cuando el manto acuífero alcanza la superficie –como en una pendiente– el agua brota en forma de manantial.

En un terreno calizo la cosa puede ser más compleja... y más espectacular. La caliza se compone de calcita, que se disuelve en el ácido carbónico del agua de lluvia. En la superficie, esta disolución tiene lugar con más rapidez a lo largo de las grietas y las

Derecha. Un arroyo que corre sobre una superficie de caliza puede ir disolviendo un embudo de tierra, formando así un pozo. En las grutas y cuevas subterráneas, la calcita disuelta vuelve a depositarse en el techo y el suelo, en forma de estalactitas y estalagmitas **(debajo).**

falsas caras, abriendo hendiduras y dividiendo la masa caliza en «clints». Y esto sucede también bajo tierra.

Casi toda la erosión sigue los planos de las capas de caliza y las grietas que suelen cortar el plano de la capa en ángulo recto. También tiene lugar a lo largo del manto acuífero, donde la superficie del agua puede formar una corriente y fluir más o menos horizontalmente. La consecuencia es que un terreno calizo se disuelve, originando una serie de grutas o cuevas entrelazadas. De vez en cuando, el manto acuífero puede descender. La corriente, en un túnel, excavará profundamente en su lecho, formando un túnel cuya sección transversal tiene la forma del ojo de una cerradura. Si el manto de agua vuelve a descender de repente (en términos geológicos) la corriente empezará a perforar otro túnel en el nuevo nivel, dejando el anterior como una galería en seco. A medida que va habiendo más grutas, sus techos se desploman, rellenando el suelo y abriendo más espacio hacia arriba. Este desplome puede hacer que la corriente siga excavando, dejando largas gargantas que siguen el curso de los ríos subterráneos o amplias depresiones llamadas dolinas o torcas.

Las cuevas verticales excavadas por el agua que cae se llaman grutas o sumideros (no hay que confundirlos con los que excavan las piedras, al girar, en el lecho de un río joven). Hay corrientes superficiales que fluyen por una zona de roca impermeable y que, de repente, pueden desaparecer por uno de ellos al llegar a una zona calcárea.

Una parte de la calcita es arrastrada hacia el mar, pero otra buena parte se vuelve a depositar en la misma zona. El agua del terreno se filtra y, al gotear desde el techo de la cueva, puede depositar en él la calcita; no es que el agua se evapore –la humedad típica de una cueva lo impide–, sino que el agua pierde su anhídrido carbónico y ya no es lo bastante ácida como para retener la calcita. La acumulación de estos depósitos de calcita forma las estalactitas. Cuando una gota cae sobre el suelo de la cueva la calcita se desprende; una acumulación de ella forma una estalagmita. Hay distintos tipos de estalactitas y estalagmitas, cada uno con su nombre descriptivo. Por ejemplo, el agua atraída a lo largo de una estalactita o una estalagmita, por capilaridad, depositará su calcita de forma aleatoria, formando una estalactita retorcida llamada helictita.

La calcita también se deposita por la agitación de una corriente subterránea. Cuando una de estas corrientes pasa sobre una desigualdad del lecho, deposita calcita; la desigualdad aumenta y se

deposita más calcita, y así sucesivamente. El resultado es una serie de escalones y terrazas en el lecho de la corriente que recuerda el de unos campos de cultivo en terraza en terreno ondulado: son unas formaciones llamadas «gours».

Cuando, por fin, la corriente subterránea llega a la superficie, puede formar una fuente petrificada. Allí el agua se evapora y deposita su calcita en todo lo que encuentra; a veces puede tener incrustaciones de musgo y también de las cosas que se dejan los excursionistas.

La calcita es un material importante para aglutinar un sedimento sin consolidar y formar una roca maciza. Si se visita una fuente petrificada –en donde, realmente, puede verse la velocidad con que se deposita la calcita– se tendrá una inolvidable demostración de lo anterior.

El hielo

El hielo puede ser un formidable destructor de rocas, pero también es un gran transportador de rocas y escultor del paisaje. En las zonas de tundra, lindando con los grandes casquetes de hielo de las frígidas regiones polares, el subsuelo está helado e influye mucho en el paisaje: divide la superficie en grandes polígonos o hace levantarse unas grandes ampollas recubiertas de material sólido pero llenas de hielo que se llaman pingos.

Pero lo que más influye en la superficie terrestre es el trabajo de los glaciares, esos ríos de hielo que descienden de las montañas cubiertas de nieve. Año tras año, la nieve se acumula en un hueco entre montañas. Al final, el enorme peso de las capas superiores hace que se hielen las capas de abajo. Bajo una inmensa presión, el hielo se mueve como si fuera masilla y toda la masa se desliza pendiente abajo. Al hacerlo, su enorme peso va desgastando el suelo y los lados de su valle, llevándose con él los detritos. Se socavan las paredes del valle y las avalanchas llevan más detritos a la superficie helada. Un glaciar es como una cinta transportadora de rocas y piedras.

Parece que esto tendría poco que ver con el paisaje en las zonas templadas del globo. Pero, prácticamente (unos 10.000 años) acaba de terminar la última gran glaciación que ha afectado a la Tierra en los últimos dos millones de años. Buena parte de América del Norte, Europa y Asia estaban cubiertas de mantos de hielo y los glaciares ocupaban los valles de montaña en otras partes del mundo. En cualquiera de esas zonas, vemos masas terrestres que han sido esculpidas por las masas de hielo

Izquierda. El enorme peso de un glaciar va excavando el suelo y los lados de su valle, llevándose consigo los detritos que ha arrancado. **Recuadro.** Cuando, al final, el glaciar se ha fundido, el valle queda con una característica forma de U.

Propiedades físicas de las rocas

Arriba. Las rocas ígneas –como el granito– suelen ser de grano grueso.

Los especímenes de las rocas del terreno se identifican según su composición, su textura y su modo de originarse. Cada tipo de roca importante tiene su propia gama de texturas. Para la textura de las rocas ígneas se usan los términos siguientes:

Granular. Se compone de granos cristalinos lo bastante grandes como para verlos fácilmente a simple vista. Los granos varían de tamaño: desde 0,4 milímetros en las andesitas hasta 5 milímetros en los granitos.

Afrolítica. Compuesta de diminutos cristales que sólo pueden identificarse con un microscopio o una lupa potente; cuando están alineados dan a la roca una textura fluida (por ejemplo, el basalto).

Vítrea. Compuesta de vidrio volcánico; a veces, el vidrio puede tener rayas, debido a vetas afrolíticas y suele contener también microcristales de feldespato.

Piroclástica. Son rocas volcánicas en las que la lava se ha desintegrado en una explosión volcánica, por lo que se componen de pequeñas esquirlas de vidrio volcánico, fragmentos de piedra pómez, cristales o piedra partida. Pueden estar no consolidadas o cementadas cuando son recientes, o convertidas en arcillas cuando lo son (como la toba y la ignimbrita).

Laminar. Los minerales están dispuestos en franjas paralelas, a veces torcidas como consecuencia de que la lava ha fluido cuando estaba aún caliente y blanda (por ejemplo, la riolita con franjas).

Arriba. La arenisca es una roca sedimentaria de grano medio, con sus granos cementados por óxido de hierro.

Tabla de identificación para las rocas ígneas

TEXTURA	ORTOCLASAS		PLAGIOCLASAS				NO FELDESPÁTICAS
	+ cuarzo	− cuarzo	+ cuarzo	− cuarzo	piroxeno		+ olivino
	+ mica	+ leucita nefelina	biotita y/o hornablenda		− olivino	+ olivino	
Granular	granito	sienita	diorita granulada	diorita	gabro	olivino/gabro	picrita peridotita
De grano fino	microgranito	pórfido			dolerita	olivino dolerita	
Afrolítica	riolita	traquita/ fonolita	dacita	andesita	basalto	olivino basalto	
Vítrea	obsidiana (maciza) piedra pómez (vidrio espumoso) pechblenda (bituminosa)		vidrio		taquilita (como la obsidiana, pero no translúcida)		
Piroclástica depósitos volcánicos	ceniza (caída del aire, sin consolidar, hasta 4 mm), bombas volcánicas toba (caída del aire, consolidada, ríos de ceniza, hasta 4 mm) brecha (fragmentos angulosos de roca, hasta 4 mm)						

NOTA: puede haber gradaciones en todos los tipos.

Las texturas de las rocas sedimentarias son:

Clástica. Se compone de fragmentos rotos y erosionados de piedra y/o minerales y/o trozos de conchas. Estos componentes pueden estar aglutinados por calcita, óxido de hierro, etc.
Cristalina. Se compone de cristales precipitados de una solución que se han encajado como las piezas de un puzzle tridimensional, dando así a la roca una gran fortaleza sin ningún material aglutinante (por ejemplo, la piedra calcárea).
Orgánica. Compuesta principalmente de detritos orgánicos bien conservados, como plantas, conchas o huesos (por ejemplo, el carbón y la piedra caliza de conchas).

Para definir a las rocas metamórficas se usan:

Pizarrosa. Roca de cristales finos en las que los minerales -como la mica- se alinean paralelos unos a otros; esto significa que la roca se escinde fácilmente a lo largo de los planos de exfoliación (por ejemplo, la pizarra).
Esquistosa. Los minerales –como la mica, la clorita y la hornablenda– se alinean en franjas paralelas muy visibles. A causa de esta alineación laminar, la piedra se parte con facilidad (por ejemplo, el esquisto).
De tipo gneis. Se caracteriza por unas láminas gruesas, con franjas transversales de varios centímetros (en realidad, las láminas pueden envolver cristales grandes, como en el gneis de Augen). Los minerales son de grano grueso y se identifican con facilidad (por ejemplo, el gneis).
Granoblástica. Principalmente, granos grandes de mineral que han cristalizado al mismo tiempo y que, por consiguiente, penetran unos en otros; los granos siguen siendo lo bastante grandes como para identificarlos fácilmente (por ejemplo, el gres esquistoso)
Feldespatos córneos. Roca compacta de grano fino que se rompe en trozos angulosos y afilados (por ejemplo, los feldespatos córneos).
Rayada. Los componentes se presentan en franjas bien definidas (por ejemplo, el gneis).

Cuadro de identificación de las rocas metamórficas

MUY LAMINARES (estructura rayada o en capas)			
TEXTURA	NOMBRE	COMPOSICIÓN	DERIVADA DE
Pizarrosa	pizarra	mica y cuarzo	esquisto, toba
Esquistosa	esquisto de clorita	clorita, plagioclasa, epidota	toba, andesita basalto
	esquisto de granate y	moscovita, biotita, cuarzo	esquisto, toba, ricos en calcio
	esquisto de granate y mica	moscovita, biotita, cuarzo y granate	esquisto, toba, ricos en calcio
Tipo Gneis	gneis	feldespato, cuarzo, mica, anfibolita, a veces granate	fusión de rocas graníticas y sedimentarias
Rayada	migmatita	feldespato, cuarzo, biotita y anfibolita	rocas ácidas y básicas
NO LAMINARES (o muy poco laminares)			
TEXTURA	NOMBRE	COMPOSICIÓN	DERIVADA DE
Tipo Hornfeld	hornfeld (fesdelpatos corneos)	depende de la roca original	rocas sedimentarias de grano fino
Granoblástica	cuarcita	cuarcita	piedra arenisca
	mármol (*)	calcita, calcio y silicatos de magnesio	piedra caliza o dolomita
	anfibolita	hornablenda, plagioclasa, cuarzo, granate	rocas ígneas básicas

(*) Reacciona con el ácido clorhídrico (ClH).

ROCAS: IDENTIFICACIÓN

Símbolos

Los símbolos que acompañan a cada roca en el capítulo de identificación son las normales que se emplean para representar el tipo de roca en un diagrama o mapa geológico.

ROCAS ÍGNEAS: INTRODUCCIÓN

El material fundido que procede del interior de la tierra puede, al final, enfriarse y solidificarse. A la masa sólida que resulta se la llama roca ígnea. Hay dos tipos principales de roca ígnea: intrusiva y extrusiva. Las rocas ígneas intrusivas se forman cuando el material fundido se abre paso hacia arriba a través de las rocas, cortando a través de ellas o deslizándose entre ellas, y solidificándose antes de llegar a la superficie. Si estas rocas se enfrían lentamente, son de grano grueso y tienen cristales minerales lo bastante grandes como para que se vean a simple vista. Si se enfrían con rapidez, son de grano fino. A veces, la masa fundida empieza a enfriarse lentamente y se empiezan a formar cristales minerales; de repente, todo el conjunto es lanzado a otra zona donde se enfría rápidamente. Esto da una textura de pórfido, con grandes cristales embebidos en una masa de grano fino. Las rocas extrusivas son las que se forman cuando la lava sale a la superficie. Son siempre mucho más finas que las rocas intrusivas. La lava es siempre una roca ígnea extrusiva.

Ácida	Roca que contiene más del 66 por 100 de sílice.
Intermedia	La que contiene del 52 al 66 por 100 de sílice.
Básica	La que contiene del 45 al 52 por 100 de sílice.
Ultrabásica	Roca que contiene menos del 45 por 100 de sílice.

Derecha. Una roca extrusiva se forma cuando el material fundido brota del interior de la superficie terrestre en una erupción y se solidifica, como aquí, en el volcán Strómboli del Mediterráneo.
Debajo. Una roca ígnea intrusiva se solicifica bajo tierra y no podemos verla hasta que las rocas de encima han desaparecido por la erosión. Aquí, una masa de andesita sobresale de las rocas, más blandas, que la rodean, en Wyoming, EE.UU.

	Extrusiva	Intrusiva
Ácida	Riolita	Granito
Intermedia	Andesita	Diorita
Básica	Basalto	Gabro
Extrabásica		Peridotita

Otra forma de clasificar las rocas ígneas es por su composición química. Pueden ser ricas o pobres en sílice (las que son pobres, siguen teniendo una gran proporción de sílice en su composición, aunque menor que la de las otras). Esta clasificación implica una nomenclatura un tanto confusa, pero que se debe usar con arreglo a lo establecido

Los términos vienen de un viejo concepto químico de que las rocas son las sales de alguna especie de «ácido silícico»: una tontería para el conocimiento moderno, pero que nos deja una clasificación útil y manejable.

Aplicando las dos clasificaciones anteriores y combinando el grano de la roca con su composición química, podemos empezar a definir los tipos más comunes de roca ígnea.

Una roca intrusiva ácida presenta cristales grandes, muchos de ellos de cuarzo. Las rocas ácidas suelen estar poco coloreadas, por la presencia del cuarzo. Las rocas básicas y ultrabásicas son oscuras: las ultrabásicas son raras en la superficie de la Tierra, pero se cree que son el componente principal del manto.

Por regla general, las rocas ácidas y las intermedias se forman por solificación de material cristalino fundido. Las rocas básicas es más probable que se formen de material fundido procedente del manto.

Pero ésta es una simplificación y la realidad es mucho más compleja. Una masa fundida pasa por muchas fases en un proceso llamado fraccionamiento antes de solidificarse y convertirse en una roca ígnea. Cuando la masa empieza a enfriarse, los primeros minerales en cristalizar suelen ser los relativamente bajos en sílice, como el olivino, el piroxeno y la anfibolita. Luego pueden hundirse hasta el fondo de la masa, dejando un líquido que se ha vuelto relativamente rico en sílice y que puede ser lanzado hacia la superficie para formar rocas ácidas. Una masa líquida que sube por las chimeneas de un volcán encuentra que la presión exterior disminuye. Los componentes gaseosos salen por efervescencia, como las burbujas del champán cuando se quita el corcho a la botella. Una erupción volcánica puede ir acompañada de grandes chorros de gas y de vapor, dando lugar a una roca ígnea extrusiva que se parece muy poco químicamente a la masa fundida de la que procede.

Granito. Roca ígnea

Características distintivas
Granular, compuesto de feldespatos y cuarzo, con biotita y moscovita como accesorias. El feldespato blanco puede tener el estriado doble propio de las plagioclasas; el feldespato color carne es, con seguridad, ortosa. El cuarzo se presenta en granos vidriosos grises. La biotita es negra y la moscovita blanca; ambas centellean al reflejar la luz.

Color Como se ha dicho arriba.

Textura y granularidad
Granular, de grano grueso, con frecuencia tipo pórfido.

Composición Siempre hay más feldespato ortosa que plagioclasa. Si predomina ésta, probablemente la roca es una diorita de cuarzo. Grandes cristales de feldespato ortosa de blanco a rosa-salmón, incrustados en una masa de cuarzo vidrioso, ortosa blanco-rosa, plagioclasa blanca, biotita negra y moscovita plateada. Entre los secundarios, hay piritas doradas y magnetita negra plateada.

Presentación en el terreno Asociado con montañas de plegamiento (como el Himalaya). Los granitos suelen marcar la situación de los sistemas montañosos de plegamientos antiguos.

Variedades Muy numerosas. Enorme variación en granularidad y color: grano extremadamente grueso y áspero en la pegmatolita, grano fino en el microgranito, sacaroideo en la aplita. La orbicular tiene minerales compuestos dispuestos en formas ovaladas o esféricas.

Usos Adoquines, bloques para construcción (aunque tiene poca resistencia al fuego y se derrumba cuando está expuesto a un calor intenso).

Se encuentra En todo el mundo.

Variedades

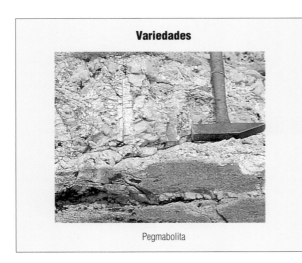

Pegmabolita

Pulgadas (2,54 cm cada división)

Espécimen de mano
No hay estructura interna ni planos de fractura, por lo que se rompe de forma irregular. El grano suele ser tan grueso que pueden verse los diversos cristales minerales: el cuarzo, vidrioso; el feldespato, lechoso, y la mica, oscura pero chispeante. El mineral de hierro es demasiado pequeño para poder verlo.

Fesdespato doble, con dobletes múltiples

Espécimen microscópico.
Los cristales que mejor se ven son los de feldespato. Normalmente van por parejas: en ellas, cada uno tiene un ángulo de extinción diferente, difuminándose del blanco al negro pasando por diversos tonos del gris. Los trozos de cuarzo amorfos son apagados y sin rasgos característicos. Los de mica se presentan en varios colores y con formas irregulares. La magnetita (un mineral de hierro) está presente en granos diminutos.

Mica, con colores brillantes de interferencia

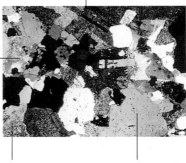

Cuarzo

Feldespato sin «doblar»

Izquierda. A causa de los feldespatos que contienen, los granitos están sometidos a la erosión química en casi todos los climas. Se erosionan las grietas y las masas resultantes quedan como bloques rectangulares, como un trabajo gigantesco de albañilería. Este ejemplo está en Inglaterra, en el Land's End de la punta de Cornualles.

Granodiorita. Roca ígnea

Características distintivas La textura, el color y la proporción entre plagioclasa y feldespato ortosa, así como la presencia de cuarzo (doble polisintético, a veces se ve como un estriado fino en los fenocristales de plagioclasa). Asociación con masas graníticas.

Color De pálido a gris medio.

Textura y granularidad Granular, grano grueso, frecuentemente con fenocristales de feldespato, hornablenda o mica.

Composición Más plagioclasa que feldespato ortosa, más cuarzo. En menores cantidades, presencia de biotita, hornablenda, apatito y titanita.

Presentación en el terreno Se encuentra asociada con batolitos graníticos. Forma grandes masas intrusivas en la base de las cadenas montañosas.

Variedades Granitos de hornablenda y biotita, aunque en realidad éstos también son granodioritas.

Usos Grava para carreteras.

Se encuentra En todo el mundo, pero especialmente en Escandinavia, Brasil, Canadá y EE.UU. (California tiene unos 9.500 kilómetros cuadrados de granodiorita)

Diorita. Roca ígnea

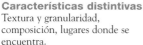

Características distintivas Textura y granularidad, composición, lugares donde se encuentra.

Color Gris osucro, gris-verdoso oscuro a negro, según el porcentaje de minerales oscuros que contenga.

Textura y granularidad Granular, aunque de grano no muy grueso. Los cristales de hornablenda pueden darle el aspecto de una textura de pórfido.

Composición Lleva más hornablenda que feldespato y más plagioclasa que ortosa. Es rara la presencia de cuarzo; pero, si lo hay, la roca es granodiorita (diorita de cuarzo) en vez de diorita.

Presentación en el terreno Asociada con intrusiones tanto de granito como de gabro, con los que aparece sutilmente mezclada.

Variedades Granodiorita, cuando hay presentes cantidades pequeñas de cuarzo.

Usos Ornamentación: puede pulimentarse mucho.

Se encuentra En todo el mundo, pero especialmente en la base erosionada de las montañas de plegamiento.

Gabro, Roca ígnea

Características distintivas Color, granularidad, predominio del piroxeno y, frecuentemente, del olivino. Puede parecer pórfido por el tamaño de los piroxenos.
Color Gris oscuro, de gris-verdoso oscuro a negro.
Textura y granularidad Granos muy gruesos, pero rara vez porfíricos. A veces, con rayas, pareciendo gneis.
Composición Principalmente, piroxenos y plagioclasa, con más proporción de piroxeno o, como mucho, en igual proporción. Siempre hay olivino, así como granos de mineral de hierro (magnetita y/o ilmenita) y biotita de color bronce.

Presentación en el terreno Como rocas plutónicas y masas de similar tamaño, aunque no tan grande como el de los granitos. También como grandes láminas, que suelen contener valiosos depósitos de mineral (por ejemplo, los del Lago Superior, EE.UU.).
Variedades Gabro olivino, que es como el gabro, pero lleva también fenocristales de olivino.
Usos Industria de la construcción, monumentos (se puede pulir mucho), como yacimientos de minerales de hierro, níquel y cobre (yacimiento de Sudbury, en Ontario, Canadá).
Se encuentra En Inglaterra, Escocia, Alemania, Escandinavia, Canadá y EE.UU.

Peridotita (y otras ultrabásicas). Roca ígnea

Características distintivas Color verdusco cuando es reciente, pardo medio cuando está a la intemperie. Textura y composición.
Color Verde oliva recién extraída; a la intemperie, ocre carnelita, por la formación de óxidos de hierro.
  Textura y granularidad Granular: sacaroide.
  Composición Se compone casi enteramente de granos pequeños de olivino; puede estar presente el piroxeno en cantidades apreciables.
Presentación en el terreno Como pequeñas intrusiones, intrusiones tabulares y diques. Suele llegar a la superficie desde una gran

profundidad por la actividad volcánica.
Variedades La dunita, que se compone sólo de olivino y tiene un color verde pistacho, y la pirita, también compuesta de olivino con cantidades secundarias de plagioclasa y que es verde pálido.
  Nota: la piroxenita es negra y tiene una exfoliación a 90 grados; la hornablendita (sólo hornablenda) es negra y tiene una exfoliación a 120 grados.
Usos Como fuente de valiosos yacimientos y minerales, entre los que están la cromita, el platino, el níquel y el granate como piedra preciosa. En Sudáfrica se obtienen diamantes de la peridotita rica en mica.
Se encuentra En todo el mundo, pero especialmente en

Nueva Zelanda y EE.UU.

Dolerita. Roca ígnea

Características distintivas Color, textura. Difícil de distinguir entre la hornablenda y los piroxenos por el pequeño tamaño de su grano. Se presenta la plagioclasa en listas. Con una lupa, pueden verse pirita, bronce, biotita y óxido de hierro.

Color De gris medio a negro.

Textura y granularidad De granular a grano fino. Algunas veces, porfídica.

Composición Piroxeno y plagioclasa, con más proporción del primero o, en todo caso, en igual proporción. También suele estar presente el olivino, así como granos de mineral de hierro (magnetita y/o ilmenita) y biotita de color bronce.

Presentación en el terreno Como diques e intrusiones tabulares, frecuentemente de un gran grosor. A cierta profundidad, puede convertirse en gabro (la dolerita es el equivalente al gabro de grano medio).

Variedades Dolerita olivínica (dolerita más fenocristales de olivino).

Usos Monumentos, albañilería, losas de pavimentación, empedrado de carreteras.

Se encuentra En todo el mundo, pero especialmente en el Reino Unido, Canadá y EE.UU.

Arriba. Cuando la dolerita se presenta como intrusión tabular suele ser más dura que las rocas que la rodean. Tiende a destacar del paisaje como un acantilado que sobresale, como a lo largo de este cañón de Wyoming (EE.UU.). También se pueden ver aquí grietas en columna, producidas por fracturas formadas en ángulo recto con la intrusión tabular al enfriarse.

Espécimen de mano

Como la dolerita se erosiona muy fácilmente, es fundamental romperla para encontrar una cara reciente. Es una roca muy oscura, con pocos minerales de color claro. Su color oscuro puede tener un tono verdusco por la presencia de serpentina, producida por la desintegración del olivino. No tiene estructura interna, por lo que rompe en trozos desiguales, normalmente de caras planas y aristas agudas. Al ser una roca de grano medio, es casi imposible ver los cristales a simple vista, por lo que hará falta una lente de aumento.

Pulgadas (2,54 cm cada división)

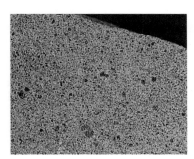

Arriba. Una cara «reciente» de dolerita.

Espécimen microscópico

Con polarizaciones cruzadas, los minerales de magnesio y hierro se ven de colores rojos y verdes oscuros. Los feldespatos suelen están embebidos en cristales de piroxeno, dando la llamada textura ofítica. Si se toma una muestra en el borde de la intrusión, se verá que ha habido un enfriamiento más rápido por lo fino de los cristales; puede haber cristales alargados de feldespato alineados en la dirección del río de lava.

Alineación general de los feldespatos

Cristales de olivino. Serpentina en las grietas

Feldespato

Riolita (o liparita). Roca ígnea

Características distintivas
Roca afrolítica, con franjas
longitudinales de color ante a
grisáceo; suele contener glóbulos
vítreos o fenocristales de cuarzo y
fesldespato.
Color De ante a grisáceo, con
rayas.
Textura y granularidad De
afrolítica a grano muy fino.
Composición La misma que el
granito.
Presentación en el terreno
Como espesos ríos de lava ácida.
Variedades Riolita de glóbulos
vítreos, que contiene unos cuerpos
(«esférulas») de cuarzo y
feldespato microcristalino.
Usos Como grava.
Se encuentra En todo el mundo.

Andesita. Roca ígnea

**Características
distintivas** Color y
textura. A veces, con rayas
longitudinales; se presentan
fenocristales porfídicos y de
plagioclasas en listas finas.
Con ayuda de una lente de
mano pueden verse biotita,
hornablenda y piroxenos,
pero pueden ser difíciles de
identificar porque son
pequeños.
Color De blanco a negro,
pero casi siempre gris.
Textura y granularidad
De afrolítica a grano fino,
porfídica y con rayas
longitudinales.
Composición Masa de

plagioclasa de grano fino, con
pequeñas cantidades de
hornablenda, biotita y augita, que
pueden presentarse como
pequeños fenocristales.
Presentación en el terreno
Ríos de lava y pequeñas
intrusiones asociadas a cordilleras
volcánicas.
Variedades Andesita de
hornablenda y augita, que es una
andesita con fenocristales de los
citados minerales.
Usos Grava para carreteras.
Se encuentra En zonas de
colisión continental, como los
Andes, las Cascadas, los Cárpatos,
Indonesia, Japón y otras islas
volcánicas del Pacífico occidental.

Espécimen de mano
Las riolitas y las andesitas suelen ser de un color bastante claro y de poco peso, por la ausencia de minerales de magnesio y hierro. Pueden parecerse algo al pedernal, desprendiendo esquirlas si se las golpea con un martillo. Frecuentemente, tienen una textura con franjas, mostrando la naturaleza muy viscosa de la lava líquida. Las andesitas pueden tener una textura porfídica, con grandes cristales de feldespato, lo bastante grandes como para verlos a simple vista.

Las bombas ácidas y las intermedias no suelen ser tan aerodinámicas como las basálticas. Cuando la bomba va volando por el aire, la superficie se solifica y enfría rápidamente, mientras que el interior sigue estando caliente y fundido. Esto origina una bomba con una corteza como la del pan, con una capa exterior agrietada. Al caer, pueden soldarse trozos calientes de ceniza, formando unas masas apelmazadas llamadas aglomerados. Cuando se sueldan grandes masas de este tipo hasta formar una roca continua, se la llama toba volcánica.

Riolita

Pulgadas (2,54 cm cada división)

Andesita

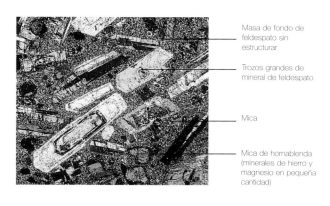

Masa de fondo de feldespato sin estructurar

Trozos grandes de mineral de feldespato

Mica

Mica de hornablenda (minerales de hierro y magnesio en pequeña cantidad)

Espécimen microscópico
Visto al microscopio, se ven masas de diminutos cristales de feldespato. La lava se enfría tan deprisa que puede no haber tiempo para que se formen cristales: toda la masa es un cristal amorfo. Los anfíboles y los piroxenos pueden presentar buenos cristales, al haberse formado antes de la erupción.

Obsidiana. Roca ígnea

Características distintivas
Vidrio volcánico negro,
translúcido en los bordes finos.
Cuando también estos bordes
finos son opacos, la roca es
traquita (cristal basáltico).
Color Negro; a veces, de almagre
a pardo. Tiene un brillo vítreo
fuerte en las superficies lisas.
Presenta rayas con gránulos vítreos.
Textura y granularidad
Vítrea. Rompe con una fractura
concoidea bien definida,
produciendo esquirlas de cristal
cortantes como hojas de afeitar.
Composición Es un vidrio con
la misma composición química
que el granito, la sienita o la
granodiorita. Pueden presentarse
cristales microscópicos de
piroxeno, como manchitas
blanquecinas. Los minerales de
hierro microscópicos la oxidan
para darle colores rojizos.
**Presentación en el
terreno** Originada por la
actividad volcánica, en los ríos
de lava enfriados muy deprisa.
Variedades Pechblenda,
piedra pómez o pumita (con su
vidrio lleno de poros) y
pirocristal, con diminutos
fenocristales en el vidrio.
Usos Las tribus primitivas la
usaban para hacer instrumentos
cortantes y puntas de flecha y
de lanza. Ornamentación.
Se encuentra En todo el
mundo, pero especialmente en
Escocia, las islas Lípari (al
norte de Sicilia), Italia,
Hungría, Rusia, Islandia, Japón,
Nueva Zelanda, México y
EE.UU.

Microsienita. Roca ígnea

Características distintivas
Textura, granularidad y
composición.
Color De blanco a gris-rosáceo.
Textura y granularidad
Granular: de grano fino a
afrolítica.
Composición Tiene más
feldespato ortosa que plagioclasa y
no lleva cuarzo. Las pequeñas
cantidades que presenta de
hornablenda, mica, augita y
magnetita sólo pueden verse en
trozos finos y con la ayuda del
microscopio. También puede
haber nefelina y leucita.
Presentación en el terreno
Es una roca poco común, asociada
a las masas rocosas de sienita.
Variedades Ninguna.
Usos Grava.
Se encuentra En todo el
mundo, especialmente en los
Alpes, Alemania, Noruega, Rusia,
las islas Azores, África y EE.UU.

Pumita o piedra pómez. Roca ígnea

Características distintivas
En una roca blanca o blanco-crema, muy porosa, aunque a la intemperie su superficie se pone de un color pardo pálido. Muy poca densidad.
Color Blanco cremoso cuando se extrae, aunque se vuelve de un pardo pálido en la superficie.
Textura y granularidad Porosa.
Composición Principalmente, espuma de vidrio, de composición de granítica a granodiorítica.
Presentación en el terreno Principalmente en los volcanes de tiolíticos a dacíticos.
Variedades Ninguna.
Usos Como abrasivo, polvos limpiadores.
Se encuentra En todo el mundo.

Pecblenda o pechblenda. Roca ígnea

Características distintivas
Vidrio volcánico negro opaco, que puede contener inclusiones irregulares y blanquecinas de minerales. En su aspecto, se parece a la brea.
Color Negro apagado.
Textura y granularidad Vidriosa; rompe con una fractura concoidea poco definida.
Composición Vidrio con la misma composición química que el granito, la sienita o la granodiorita. Puede presentar cristales microscópicos de piroxeno como manchitas blanquecinas. Los minerales de hierro microscópicos la oxidan, dándole colores rojizos.

Presentación en el terreno La pechblenda se origina en un río de lava enfriado muy deprisa, por lo que siempre está asociada con los volcanes.
Variedades La obsidiana, que es un vidrio negro y brillante sin fenocristales, la pumita o piedra pómez (vidrio muy poroso) y el pirocristal (vidrio con fenocristales).
Usos Como grava.
Se encuentra En todo el mundo y principalmente en las islas Lípari (norte de Sicilia), Italia, Rusia, Islandia, Japón, Nueva Zelanda, México y EE.UU.

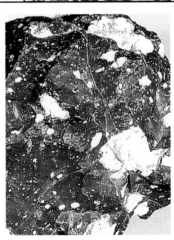

Basalto. Roca ígnea

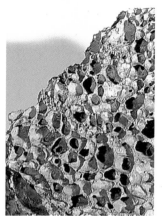

Características distintivas
Textura, color y densidad; suele estar dislocado al fluir como lava en una erupción o ser ceniciento.
Color De gris verdoso oscuro a negro.
Textura y granularidad
Afrolítica, con cristales demasiado pequeños como para identificarlos a simple vista (a menos que se presenten como fenocristales, como la augita o el olivino). Grano fino parecido al del gabro.
Composición Piroxeno y plagioclasa; más proporción de piroxeno o, cuanto menos, igual. Suele llevar olivino, así como granos de mineral de hierro (magnetita y/o ilmenita) y biotita color bronce. Puede contener

nódulos de olivino o piroxeno arrastrados desde las profundidades.
Presentación en el terreno
Como ríos de lava, intrusiones tabulares y diques asociados con volcanes.
Variedades Basalto olivínico (basalto más fenocristales de olivino) y basalto de cuarzo (basalto con muy pequeña cantidad de cuarzo).
Usos Grava para carreteras, como fuente de mineral de hierro, zafiros y cobre nativo.
Se encuentra En todo el mundo y especialmente en Escocia, la India, Islandia, Groenlandia, Canadá y EE.UU (Montana y estados del Oeste).

Arriba. La lava basáltica puede cubrir extensas zonas. Cuando engulle un árbol, éste queda destruido, pero la lava próxima al tronco se enfría rápidamente. El resto de la lava puede seguir adelante o dejar un tubo vertical de basalto con madera quemada en su interior: un molde de árbol. Los de la fotografía se formaron cuando un bosque fue arrasado por la lava en Hawaii.

Espécimen de mano
Un espécimen de mano típico de
basalto debe tener una textura
viscosa por fuera y ser ceniciento,
frágil y lleno de burbujas por
dentro. Cualquier espécimen de
basalto tendrá estas burbujas,
que están llenas de gases de la
erupción que no pudieron
escapar al solidificarse la lava.
En especímenes de basalto
antiguo, estas burbujas pueden
estar rellenas de minerales
como la calcita, depositada por
las aguas del suelo durante
millones de años.
  Otro buen espécimen de
mano es una bomba volcánica.
Es un trozo de lava que salió por
el aire durante la erupción y se
solidificó antes de caer al suelo.

Pulgadas (2,54 cm cada división)

Una bomba
volcánica

Eclogita. Roca ígnea

Características distintivas
Normalmente es piroxeno áspero,
verde (rojizo, si está expuesto a la
intemperie), con incrustaciones de
granates rojos.
Color Verde pistacho, recién
extraído; con manchas rojas si está
expuesto al aire.
Textura y granularidad
Granular: de grano grueso y medio.
Composición Piroxeno verde,
hornablenda verde y granate de
almandina y piropo. A veces se
presentan kyanita y diamante.
Presentación en el terreno
Como gabro metamórfico o lava
básica cristalizada a temperaturas
muy altas y gran profundidad.
Variedades Sólo de grano
grueso y medio.
Usos Científico.
Se encuentra Como bloques

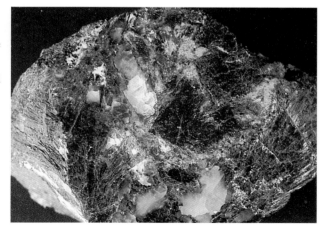

en la «tierra azul» que rellena las
chimeneas diamantíferas en

Sudáfrica, en Noruega, Escocia,
Asia y EE.UU.

Ceniza (y rocas relacionadas con ella). Roca ígnea

Características distintivas
Ceniza sin consolidar o poco consolidada, de blanca a negro ceniciento, de varios tamaños de grano.
Color Variable, desde blanco puro a negro.
Textura y granularidad Piroclástica. Sin consolidar cuando es reciente, pero consolidada para formar toba volcánica dura a lo largo del tiempo geológico.
Composición Según la de la lava originaria. Principalmente de basáltica a traquítica.
Presentación en el terreno Como capas estratificadas de material expulsado por las erupciones volcánicas y caído del aire; sin estratificar, cuando se forma a partir de los ríos de lava.
Variedades Ceniza basáltica, que es la de grano grueso (de cenicienta a negra tenue), cenizas traquíticas (de sienita), que son de grano grueso y de color ceniza a crema-blanco tenue, y toba, que es una roca densa y compacta, de color entre crema y amarillo. En algunas regiones de España (Canarias) se las llama «picón».
Usos Bloques prefabricados para la construcción, pavimento de carreteras, abrasivos.
Se encuentra En todo el mundo y siempre asociada con los volcanes.

Ignimbrita. Roca ígnea

Características distintivas
Es una roca compacta de grano fino a afrolítico, de color ante a pardo oscuro, con rayas paralelas o lentículos de vidrio negro.
Color De crema pálido a pardusco y a rojo-pardo oscuro.
Textura y granularidad De grano fino a afrolítica; siempre hay exfoliación longitudinal.
Presentación en el terreno Producida exclusivamente en explosiones volcánicas muy violentas.
Variedades Piedra de sillería, que es una roca poco consolidada del mismo origen que la ignimbrita pero en la que los bloques de pumita no se han aplastado para formar placas o vidrio negro; está poco dividida.
Usos Construcción local, grava.
Se encuentra En todo el mundo: en las proximidades de volcanes desde andesíticos a fonolíticos/traquíticos.

Piroclasas (y diversos materiales volcánicos). Roca ígnea

BOMBA VOLCÁNICA. Piedra o fusiforme, de composición basáltica, lanzada al aire durante una erupción.

Un grueso depósito de pumita (piedra pómez).

BOMBA «DE CORTEZA DE PAN». Bloque de piedra pómez de superficie lisa, con unas grietas que recuerdan la corteza del pan.

ACNELITOS. Pequeñas bombas volcánicas vítreas, con formas redondas, de gota y de palanqueta.

PAHOEHOE O LAVA CORDADA. Lava basáltica vesicular, con textura superficial viscosa.

RETICULITA. La roca más ligera que se conoce. Es una piedra pómez basáltica en la que las paredes de las vesículas se han roto, dejando una malla de finos hilos de vidrio entrelazados.

PALAGONITA. Torrente de lava submarina alterado hasta tomar un color pardo-amarillento, por la formación de un gel mineral: la palagonita.

ROCAS
SEDIMENTARIAS: INTRODUCCIÓN

Como ocurre con las rocas ígneas, también hay varias clases de rocas sedimentarias. Hay tres tipos principales. En primer lugar, están las rocas sedimentarias clásticas. Son el resultado de la desaparición de una roca anterior y del reaglomerado de sus fragmentos para formar una nueva roca. Hay muchas clases de rocas sedimentarias clásticas, dependiendo del tamaño de los fragmentos que se han cementado.

Diámetro de las partículas

mayor de 0,5 milímetros

Pueden ser peñas, cantos rodados o guijarros. La roca sedimentaria resultante es un conglomerado (si las partículas son redondeadas) o una brecha (si son dentadas o desiguales).

de 0,004 a 0,5 milímetros

Éstas son las arenas, que producen los diversos tipos de arenisca.

menor de 0,004 milímetros

En esta categoría entran el lodo y la arcilla, que dan lugar a la roca sedimentaria clástica llamada esquisto si tiene capas definidas, a la piedra arcillosa si es escamosa y a la arcilla si no tiene estructura.

La segunda clase de rocas sedimentarias es la de las rocas biogénicas. Es una roca formada por material producido por organismos vivos. El carbón es una de las más conocidas y procede de masas de antigua materia vegetal. Hay ciertas calizas que, al observarlas, se ve que están hechas casi por completo de fragmentos de conchas fósiles, o incluso de material de coral, cementado como un arrecife.

Arriba. Un conglomerado es una roca sedimentaria clástica de grano grueso, compuesta de grano o cascajo enterrado, compactado y cementado para formar un todo.

Arriba. Un ejemplo de roca sedimentaria biogénica es el carbón. Está hecho por la acumulación de fragmentos de plantas.

Debajo. La arenisca es una roca clástica de grano medio, formada por la arena en una playa, en el lecho de un río o, como en este caso, en un desierto.

Debajo. La piedra caliza oolítica es una roca sedimentaria química, formada por partículas de calcita depositadas en un antiguo lecho marino.

La tercera clase es la roca sedimentaria química. Está hecha de materiales químicos inorgánicos, que se depositan en el fondo del mar o de un lago hasta formar una masa sólida. La sal gema y la anhidrita se originan cuando las sales disueltas en una masa de agua se depositan al evaporarse el agua. Hay algunas calizas compuestas de calcita que se depositan en aguas poco profundas cuando una corriente rica en calcita llega a una zona en que la composición química del agua es distinta.

Hay un paso muy grande entre una capa de fragmentos de roca y una roca sedimentaria: entre un lecho de arena y una arenisca, entre un montón de conchas marinas y una piedra caliza de conchas. A este paso se le llama litificación y puede producirse mediante una serie de procesos.

En cualquier caso, normalmente las rocas sedimentarias se reconocen muy bien sobre el terreno, porque forman ditintas capas o lechos. El análisis de la naturaleza de estos lechos puede decirnos mucho sobre la superficie de la Tierra en épocas pasadas.

Piedra arenisca. Roca sedimentaria

Características distintivas
Arena en la que los granos están cementados por sílice secundaria o por calcita. Puede ser poco cementada y blanda o muy cementada y dura.
Color De color ante a pardusco; rojizo, debido a la presencia de óxido de hierro, o verdusco, por la presencia de glauconita.
Textura y granularidad
Arenosa, con granos de 2 mm de diámetro y más pequeños.
Composición Granos de arena (cuarzo) cementados por sílice secundaria o por calcita.
Presentación en el terreno
En depósitos compactados y/o cementados en playas, ríos, deltas, lagos y desiertos. Se presenta en

gruesas capas estratificadas en secuencias sedimentarias, mostrando a veces lechos fluviales.
Variedades Arenisca de cuarzo, que tiene cementados granos de cuarzo redondeados o angulosos; arcosa de gres esquistoso, una arenisca rica en feldespato, y arenisca calcárea, que tiene una elevada proporción de calcita, generalmente como cemento.
Usos Construcción, industria.
Se encuentra En todo el mundo

Debajo. La piedra arenisca maciza se erosiona formando grandes farallones y riscos prominentes, especialmente cuando está expuesta a la erosión eólica, como en este espectacular ejemplo de Utah (EE.UU.).

Arriba. La arenisca es una piedra porosa
que retiene muy bien el agua. En regiones de
lluvia abundante, una zona de arenisca
puede mantener una vegetación prolífica,
como en este lujuriante paisaje de Francia.

Gres esquistoso (grauvaca). Roca sedimentaria

Características distintivas
Arenisca de grano fino poco
dividida, de gris oscura a verdusca.
Color De diversos tonos de gris
oscuro a gris-verdusco oscuro.
Textura y granularidad
Granular, de grano fino.
Composición Cuarzo,
plagioclasa, diminutos fragmentos
de roca incrustados en una matriz
de cuarzo microscópico,
feldespato, arcilla y otros
minerales demasiado pequeños
para poder reconocerlos sin
microscopio.
Presentación en el terreno
Formada en el fondo de las fosas
oceánicas que bordean los
continentes por avalanchas de
sedimentos submarinos. Se
presenta asociada a esquistos
negros con origen en las

profundidades marinas.
Variedades Grauvaca
feldespático (rico en
feldespato) y grauvaca lítico
(rico en diminutos
fragmentos de piedra).
Usos Ninguno
importante.
Se encuentra En todo
el mundo, pero
especialmente en los bordes
de cadenas montañosas
antiguas de plegamiento.

Arcosa. Roca sedimentaria

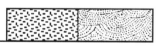

Características distintivas
Piedra arenisca rica en feldespatos.
A veces, hay lechos acuáticos,
pero los fósiles son raros. Ligera
efervescencia en ácido clorhídrico
diluido (cemento de calcita).
Color De color ante a gris-
pardusco o rosa.

Textura y granularidad
Generalmente, de grano medio,
pero puede ser de grano fino.
Composición Arenisca de
cuarzo conteniendo más de una
cuarta parte de feldespato, con
calcita u óxido de hierro como
aglutinante. Puede llevar mica.

Presentación en el terreno
Erosión rápida, el transporte y el
depósito de rocas graníticas.
Variedades Ninguna.
Usos Piedra de construcción y
piedras de molino.
Se encuentra En todo el
mundo.

Otras variedades de la arenisca. Roca sedimentaria

El *asperón* es una arenisca gruesa con fragmentos muy angulosos. Probablemente, se depositó en la desembocadura de un río de curso rápido.

La *cuarcita* es arenisca pura: cuarzo cementado por más cuarzo. También se aplica esta denominación a una roca térmica metamórfica que no se compone más que de cuarzo.

La *arenisca verde* es una arenisca de cuarzo de grano grueso con feldespato y mica, conteniendo además grandes cristales de glauconita –un mineral de magnesio y hierro de color verde–, que se formó con arenas depositadas en el fondo del mar.

La *tierra de mar* es una arenisca porosa muy pálida y llena de trozos de raíces. Procede de un antiguo banco de arena en el que había vegetación. Normalmente, tiene encima una capa de carbón.

Asperón
de piedra de molino

Pulgadas (2,54 cm cada división)

Derecha. Los granos son dentados y están bien separados, lo que significa que no fueron muy lejos en el agua que los depositó.

Derecha. Esta piedra arenisca puede identificarse como de un desierto, porque los granos son redondeados y del mismo tamaño, lo que indica que fueron transportados por el viento.

Debajo. El tamaño mixto de los granos muestra que esta arenisca se depositó rápidamente.

Espécimen microscópico

El análisis de una piedra arenisca a través del microscopio es una ciencia en sí misma. Según la naturaleza de los granos, podemos saber si la arena con la que se formó la piedra procedía de rocas ígneas, metamórficas o sedimentarias, si los relieves de donde se erosionó estaban cerca o lejos y, normalmente, algo sobre las condiciones en que se formó el depósito.

Minerales de hierro y magnesio: nos dicen que el sedimento no fue transportado lejos

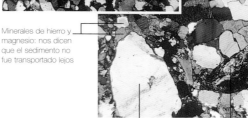

Cuarzo

Mineral de hierro

Piedra caliza. Roca sedimentaria

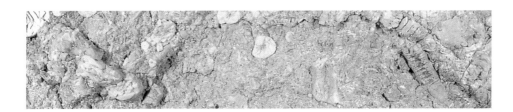

Características distintivas
Roca compacta y blanquecina,
efervescente en ácido clorhídrico
diluido. Suele ser rica en fósiles.
Color De blanco a amarillento o
gris. Las variedades negras son
ricas en hidrocarburos.
Textura y granularidad
Compacta, oolítica, cristalina,
pisolítica y conchuda.

Composición Principalmente,
carbonato cálcico.
Presentación en el terreno
Depositada en antiguos mares por
precipitación o por acumulación
de conchas ricas en calcita, etc.;
arrecifes de coral.
Variedades Caliza cristalina,
que tiene cristales granoblásticos
de carbonato cálcico; calcita

crinoidea, rica en fragmentos de
fósiles crinoideos; calcita oolítica,
que tiene diminutos oolitos de
carbonato cálcico; pisolita, que
tiene oolitos grandes (hasta 4 mm)
y calcita de arrecife, rica en fósiles
de arrecife coralino.
Usos Fabricación de cemento.
Se encuentra En todo el
mundo.

Arriba. Es bien conocido el aspecto rugoso y seco de un
paisaje de caliza, debido a la erosión química de su
componente principal: la calcita. Sobre unas capas planas de
piedra caliza se ha formado un canchal con sus cárcavas,
componiendo un pavimento de caliza y una topografía
conocida como «karst». **Derecha.** Los ríos excavan en la
caliza gargantas abruptas, por erosión vertical o por derrumbe
de las cuevas. La región de Cévennes (Francia) tiene buenos
ejemplos, como las Gorges du Tarn y las Gorges de la Jonte.

Espécimen de mano

Según el tipo de caliza, el espécimen de mano puede ser una masa de fósiles o una piedra de grano igual y de color pálido.

Cuando una caliza biológica se erosiona, puede tener los fósiles que la componen en altorrelieve. Hay una variedad de caliza química, oolita, compuesta de diminutas partículas esféricas (de 1,5 mm de diámetro) llamadas oolitos. En una variedad de grano más grueso, la pisolita, éstos tienen forma de pera. Se han formado al precipitarse la calcita sobre trozos de arena o de concha, rodando por el suelo marino y creciendo como bolas de nieve.

En el espécimen de mano se puede distinguir la calcita de la dolomita usando un ácido (el vinagre puede valer). En la calcita se producen efervescencia y burbujas; en cambio, la dolomita no reacciona.

Piedra caliza oolítica

Pulgadas (2,54 cm cada división)

Arriba. Caliza de conchas.

Espécimen microscópico

Normalmente, se reconocen bien los fragmentos de fósiles, con la calcita que los cementa formando un mosaico regular alrededor de ellos. A veces, el cemento de calcita se ha formado a partir de un fragmento ya existente de este mismo material: la forma original puede verse, como una sombra, en el cristal de calcita más grande.

En las oolitas se ven muy bien las formas concéntricas de los oolitos, cementados también por un mosaico de calcita.

Arriba. Microfotografía de una piedra caliza de conchas.

Esquistos, piedras arcillosas y arcillas de grano fino. Roca sedimentaria

Especímenes de mano
Las rocas sedimentarias de grano fino son tan blandas que se pueden obtener fácilmente especímenes de ellas.

Cuando la roca se parte fácilmente en láminas finas y frágiles, es un esquisto. Cuando se rompe en escamas lenticulares, es una piedra arcillosa. Cuando tiene poca estructura interna pero es plástica y resbaladiza cuando se moja, se trata de una arcilla. Si, cuando se arranca un espécimen con un martillo la distinción no es clara, no hay más que usar la hoja de un cortaplumas y ver cómo se parte el espécimen.

Es probable que tenga fósiles, sobre todo en el esquisto, porque se abre a lo largo del plano de rotura de la capa, que es donde suelen estar alineados los fósiles. En los esquistos de alta mar se hallan fósiles de animales marinos; en los de aguas poco profundas se hallan crustáceos de agua dulce y plantas.

Los esquistos marinos muy oscuros pueden llevar mucho

Piedra arcillosa

carbón, mostrando que se depositaron en una zona deficitaria en oxígeno. Los fósiles de estos esquistos pueden ser de animales que se asfixiaron después de ser arrastrados a la zona por las corrientes. La falta de oxígeno lleva a la formación de pirita de

hierro, que puede estar presente en forma de cristales o como mineral que ha sustituido a los fósiles.

Variedades
Dentro de las subdivisiones de esquisto, piedra arcillosa y arcilla, hay muchas clases diferentes. Se les suelen dar nombres basados en su importancia económica.

El **caolín** es una arcilla blanca formada por la descomposición de los feldespatos en el granito.

La **tierra de Fuller** es una arcilla compuesta por ceniza volcánica muy fina, que se usa para quitarle la grasa a la lana.

El **esquisto de alumbre** o **alumínico** contiene minerales que pueden ser trabajados por el alumbre.

Espécimen microscópico
No hay que molestarse. Los fragmentos componentes son demasiado finos para que esta técnica pueda servir para algo.

Arcilla

Pulgadas (2,54 cm cada división)

Derecha. Normalmente, las rocas sedimentarias de grano fino son muy blandas en comparación con las demás rocas de la zona. Cuando hay capas de arcilla, piedra arcillosa o esquisto intercaladas con otras de caliza, estas últimas sobresalen como cornisas o salientes, al irse erosionando el material más fino. Esto hace que un acantilado parezca engañosamente escalonado, aunque su naturaleza inestable impide que se pueda trepar por él.

Esquisto. Roca sedimentaria

Características distintivas
Se rompe fácilmente en láminas finas a lo largo de unos planos bien definidos, paralelos a la estratificación original. Roca de aluvión de grano muy fino, de color ante a gris.
Color De color ante a distintos tonos de gris.
Textura y granularidad Grano muy fino.
Composición Mezcla compleja de minerales arcillosos microscópicos; se presenta en casi todas las secuencias sedimentarias con areniscas y calizas finas.
Variedades Roca arcillosa.
Usos Para recoger fósiles.
Se encuentra En todo el mundo.

Yeso. Roca sedimentaria

Características distintivas
Roca blanda y porosa,
efervescente en ácido clorhídrico
diluido. Suele contener nódulos
de pedernal y es rica en fósiles.
Color Blanco-amarillento o gris.
Textura y granularidad De
grano fino, terrosa, porosa, se
deshace fácilmente.
Composición Carbonato
cálcico, con cantidades pequeñas
de lodo fino. Suele contener
nódulos de pedernal y pirita.
Presentación en el terreno
Depositada en mares antiguos por
la acumulación de conchas
diminutas de organismos marinos.
Variedades Ninguna.
Usos Para fabricar cemento.
Se encuentra En el Reino
Unido, Francia y Dinamarca.

Espécimen de mano
Esta roca se rompe en trozos irregulares y polvorientos,
ya que no tiene estructura interna ni planos o puntos
débiles. Los fósiles están completamente incorporados,
por lo que no pueden sacarse: cualquier rotura corta el
fósil en dos. Normalmente, los fósiles están formados
por sílice sustitutoria; si hay vetas en la roca, también
contienen sílice. El yeso es de un grano tan fino que
es imposible ver las partículas que lo componen,
ni siquiera con una lente de aumento. Un
tinte grisáceo puede deberse a la
presencia de partículas de barro en el
sedimento original. Si el tinte es
verdoso, se deberá a la glauconita,
un silicato férrico, pero sólo en
los yesos con impurezas.

Pulgadas (2,54 cm cada división)

Caliza de conchas. Roca sedimentaria

Características distintivas
Roca muy fosilífera de color gris
pálido. Efervescente en ácido
clorhídrico diluido.
Color De blanco-grisáceo a color
ante o gris-amarillento.
Textura y granularidad
Áspera.
Composición Principalmente,
conchas fosilizadas (enteras y rotas),
cementadas por carbonato cálcico.
Presentación en el terreno
Es una acumulación de conchas
marinas y otros organismos ricos
en calcita depositados en aguas
poco profundas.
Variedades Ninguna.
Usos Como fuente de fósiles.
Se encuentra En todo el
mundo.

Dolomita. Roca sedimentaria

Características distintivas
Piedra caliza maciza, de colores
pálidos, que suele tener pequeñas
cavidades. A veces, asociadas con
depósitos de evaporación de yeso y
halita (sal gema).
Color De blanco cremoso a
marrón pálido.
Textura y granularidad De
grano grueso a fino. Suele ser
compacta.
Presentación en el terreno
Suele estar intercalada con calizas
ricas en calcita, aunque también
puede formar grandes depósitos
muy gruesos.
Variedades A veces, se la
conoce como calcita magnésica.
Usos Como grava.
Se encuentra En todo el
mundo.

Nódulos compartimentados. Roca sedimentaria

Características distintivas
Estructuras como pelotas que suelen
encerrar fragmentos de conchas u
otros núcleos. Compuestas de
areniscas o arcilla cementadas por
calcita o sílice; las cavidades internas
formadas por contracción pueden
verse cuando se corta.
Color Variable. De gris a pardo
oscuro, pasando por color cuero, con
calcita amarilla blanquecina
rellenando el interior.
Textura y granularidad
Normalmente, de grano fino.
Composición Variable. Arena,
fango o arcilla con calcita.
Presentación en el terreno
Sedimentos arcillosos o de grano
fino.
Variedades Ninguna.
Usos Ornamental, una vez cortados
y pulidos.
Se encuentra En todo el mundo.

Brecha. Roca sedimentaria

Características distintivas
Similar al conglomerado, aunque
los fragmentos de roca son
angulosos y están incrustados en
una matriz de grano fino. Se
diferencia del aglomerado (su
equivalente volcánico) por su
origen sedimentario.
Color Variable, según el tipo de
fragmentos de roca.
Textura y granularidad
Fragmentos angulosos de roca
incrustados en una matriz de
grano fino.
Composición La brecha puede
componerse de rocas fragmentadas
de cualquier clase. La matriz suele
ser de arena o lodo fino,
cementados por sílice o calcita
secundarias.
Presentación en el terreno
En los desgalgaderos o zonas de

fallas. Suele encontrarse cerca de
conglomerados, arcosa y arenisca.
Usos Grava; ornamental

(cuando es muy compacta).
Se encuentra En todo el
mundo.

Carbón. Roca sedimentaria

Características distintivas
Es una roca negra, sucia, de dura a desmenuzada. Arde con una llama amarilla brillante.
Color Apagado, de negro terroso a negro brillante de aspecto metálico.
Textura y granularidad Macizo, frágil.
Composición Restos de plantas muy compactas.
Presentación en el terreno Se trata de restos de antiguos bosques que crecieron, principalmente, en deltas de ríos tropicales. Se presenta casi siempre en capas gruesas de rocas de la era Carbonífera, aunque también se encuentran algunas delgadas franjas de carbón en rocas de otros períodos.
Variedades Ampelita (un carbón blando de color negro-pardusco); antracita (negra, brillante y frágil).
Usos Como combustible doméstico e industrial.
Se encuentra En el Reino Unido, sur de Rusia, Ucrania, África, China y EE.UU. (Pensilvania).

Conglomerado. Roca sedimentaria

Características distintivas
Cantos rodados, guijarros o cascajo incrustados en una matriz de grano fino; a veces, recuerda al hormigón basto.
Color Variable, según el tipo de fragmentos de piedra.
Textura y granularidad Variable.
Composición Trozos de piedra redondeados incrustados en una matriz de grano fino.
Presentación en el terreno Depósitos de piedras, guijarros y grava de playas, lagos y ríos. Suele encontrarse cerca de otros depósitos de arenisca y arcosa.
Variedades Ninguna.
Usos Como grava y ornamental.
Se encuentra En todo el mundo.

ROCAS
METAMÓRFICAS: INTRODUCCIÓN

Hay dos tipos de roca metamórfica. El primero es la roca metamórfica regional, en el que la fuerza que la altera es la presión y no la temperatura. Se encuentra a mucha profundidad en el interior de las cadenas montañosas y se cree que constituye la parte más baja de la corteza terrestre. Hay grandes extensiones de la corteza terrestre que han sido alteradas de esta manera. Distintos grados de presión producen diferentes clases de roca metamórfica. Una presión ligera –y aquí la palabra «ligera» es sólo un término comparativo– producirá una roca metamórfica de grado bajo, en la que la única diferencia está en que los minerales han sido realineados en una dirección distinta. Esto suele producir cristales planos de mica, que están orientados según la dirección de la presión aplicada. El resultado es una roca que tiene sus planos de fractura en una dirección y que se divide con facilidad en lajas planas. La pizarra y la filita son típicas rocas metamórficas de grado bajo. En el otro extremo de la escala, una presión intensa cambia por completo la composición mineralógica de la roca y produce una roca metamórfica de grado elevado. Los productos químicos componentes pueden volver a cristalizar en un conjunto de minerales totalmente distintos de los de la roca original; los nuevos componentes estarán dispuestos en franjas diferentes, con frecuencia aplastadas o torcidas como prueba de las grandes presiones soportadas. El gneis es la típica roca metamórfica de grado elevado, que muestra una clara disposición en franjas.

Debajo puede verse una típica secuencia de rocas: desde el sedimento sin consolidar, pasando por diversos grados de roca metamórfica, según la profundidad de la corteza terrestre en la que se van dando diferentes condiciones de formación.

En realidad, la última roca de la serie –el feldespato córneo– pertenece al segundo tipo de roca metamórfica: la roca metamórfica térmica, a veces llamada de contacto. En la formación de estas rocas, el calor es la influencia más importante.

Superficie
Barro.

5 kilómetros de profundidad
Esquisto (sedimentario).

10 kilómetros de profundidad
Pizarra (roca metamórfica de grado bajo).
Se forman diferentes clases de mica.

15 kilómetros de profundidad
Esquisto. Aparece el granate.

20 kilómetros de profundidad
Gneis (roca metamórfica de grado elevado).
Formas de taurolita.

25,5 kilómetros de profundidad
Feldespatos córneos (hornfeld). Aparecen minerales raros,
como la cordierita.

Derecha. El esquisto deja ver claramente los nuevos minerales como la estaurolita roja y la kianita de color azul pálido, producidas por la intensa acción metamórfica.

Como consecuencia, las rocas metamórficas térmicas son menos corrientes y su distribución mucho más restringida que la de sus homólogas regionales. El lugar normal donde encontrarlas es en el borde de una roca ígnea intrusiva, donde el calor de la masa al enfriarse ha «recocido» las rocas nativas que están a su lado. Esto produce una aureola metamórfica alrededcor de la roca ígnea que puede no tener más que tres o cinco centímetros de anchura. Al contrario que las rocas metamórficas regionales, las rocas térmicas no tienen estructura interna y suelen confundirse con una roca ígnea.

En una aureola metamórfica, los distintos minerales cristalizan a diferentes temperaturas, con lo que la composición mineralógica de la roca más cercana a la intrusión será distinta de la que está más alejada. Otra variable importante es la cantidad de calor que se desprende al enfriarse. La composición química de la roca original determina los nuevos minerales que se forman. En una arenisca –que no contiene más que fragmentos de cuarzo– el cuarzo vuelve a cristalizar en un mosaico más compacto, formando la roca metamórfica térmica llamada cuarcita. En una caliza sin impurezas, la calcita cristalizará de nuevo para formar mármol.

El desplazamiento o metamorfismo dinámico es la alteración local causada por la fricción, cuando una masa se desliza sobre otra.

En toda esta complejidad, es importante señalar que el metamorfismo tiene lugar en la roca sólida. Los minerales vuelven a cristalizar sin pasar por una fase de fusión. Si, en cualquier momento del proceso, los minerales se funden, el resultado no sería una roca metamórfica sino una ígnea.

Pizarra. Roca metamórfica

Características distintivas
Roca grisácea, de grano muy fino, laminar, que rompe en láminas finas. A veces contiene cristales de pirita bien formados. Se encuentra en zonas metamórficas.
Color Normalmente, tonos de gris, de medio a oscuro. A veces, color cuero.
Textura y granularidad Pizarrosa y de grano muy fino.
Composición Mica, cuarzo y otros minerales que sólo pueden determinarse por medio de los rayos X.
Presentación en el terreno En zonas de esquisto metamórfico regional o de toba volcánica.
Variedades Ninguna.
Usos Construcción, tejas para techar.
Se encuentra En todo el mundo.

Pulgadas (2,54 cm cada división)

Espécimen de mano
La pizarra suele ser una piedra bastante igual y, al ser de grano fino, una muestra pequeña basta para representar todo el yacimiento. Normalmente es de color gris oscuro pero, según el mineral concreto que contenga, puede ser verde, azul o pardo rojizo. Con una lente de aumento pueden verse las escamas de mica que dan su exfoliación a esta piedra, aunque muchas veces son demasiado pequeñas.

Pizarra de Gales

Esquisto (cristalino). Roca metamórfica

Características distintivas
Esquistoso. Compuesto principalmente de biotita, moscovita y cuarzo. A veces, contiene clorita verde, granate o oestaurolita y kianita.
Color Variable: veteado, plateado, negro, blanco o verde.
Textura y granularidad
Esquistosa, con granos de mineral aplastados o alineados.
Composición Principalmente, moscovita, biotita y cuarzo, aunque a veces se presenta algo de clorita verde. Puede contener también cristales de granate, grandes y bien formados.
Presentación en el terreno
Zonas de contacto de metamorfismo regional.

Variedades Esquisto verde, que es un esquisto blando rico en clorita verde; esquisto de mica y granate (micasquisto rico en granate); esquisto anfibólico (principalmente anfibolita y plagioclasa).
Usos Es una fuente de minerales para los coleccionistas.
Se encuentra En todo el mundo, lindando con grandes intrusiones ígneas o en la base erosionada de plegamientos montañosos.

Pulgadas (2,54 cm cada división)

Espécimen de mano
Si se parte un espécimen de mano, la cara rota brillará al sol por los cristales de mica. Éstos pueden ser lo bastante grandes como para verlos a simple vista; si no es así, se ven perfectamente con una lupa. Hay que buscar también los demás minerales, especialmente los indicadores del grado de metamorfismo. Los granates se reconocen con facilidad por su color rojo oscuro y sus otras propiedades y la kianita debe verse por su color azul claro. Los demás minerales indicadores pueden ser difíciles de detectar sin ayuda profesional.

Gneis. Roca metamórfica

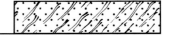

Características distintivas
Roca gnéisica de grano grueso y color pálido, conteniendo abundantes feldespatos.
Color De blanquecino a gris oscuro: las variedades más oscuras contienen más biotita.
Textura y granularidad
Gnéisica, de grano grueso.
Composición Principalmente, feldespato de cuarzo, mica hornablenda y cuarzo.
Presentación en el terreno
En la base de montañas de plegamiento erosionadas.
Variedades Depende de la roca original. La más corriente es la granítica, pero también se presentan variedades básicas.
Usos Construcción, ornamentación, grava.
Se encuentra En todo el mundo, pero siempre en la base de montañas de plegamiento.

Arriba. Puede verse el gneis en los lugares en que las montañas de plegamiento han sido erosionadas. Un paisaje de gneis –como éste en las islas de Escocia– suele ser redondeado y liso. Esto no sólo ocurre porque la erosión haya actuado sobre él, sino también porque la roca suele ser de una dureza por igual, con pocos de los planos de exfoliación que se asocian a otras formas de roca metamórfica regional.

Espécimen de mano

Cuando se arranca de un martillazo un espécimen, normalmente no se rompe a lo largo de un plano de exfoliación como lo hace el esquisto. El espécimen será irregular y cortado por distintas franjas.

En el gneis, los minerales forman cristales lo bastante grandes como para verlos a simple vista. Las capas de cuarzo y fesldespato de color claro se alternan con otras más oscuras ricas en mica, anfíboles y piroxeno. Los cristales pueden ser tan grandes que es más fácil estudiarlas sobre el terreno que en un espécimen de mano.

Pulgadas (2,54 cm cada división)

Espécimen microscópico

Un cristal grande encontrado en un gneis presentará pruebas de haber sufrido tensiones: o una estructura interna que parece haber sido «estirada» y retorcida o propiedades ópticas como ángulos de extinción diferentes en distintas partes del cristal. Los cristales grandes de feldespato también pueden haberse roto, formando un mosaico de granos más finos.

Franja de cristales más finos: el contraste con el cuarzo produce el veteado de la piedra

Granos de cuarzo intercalados

Cuarcita. Roca metamórfica

Características distintivas
Roca compacta, dura, de grano muy fino, que rompe en fragmentos angulosos agudos. La cuarcita siempre va asociada con otras rocas metamórficas, mientras que la arenisca cementada siempre va asociada con otras rocas sedimentarias.
Color De blanco a blanco cremoso.
Textura y granularidad Granoblástica y de grano muy fino.
Composición Granos de arena (cuarzo) intercalados, frecuentemente cementados con sílice.
Presentación en el terreno En zonas de areniscas metamórficas regionales.
Variedades Locales, basadas en el color.
Usos Grava, monumentos.

Se encuentra En todo el mundo.

Mármol. Roca metamórfica

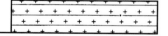

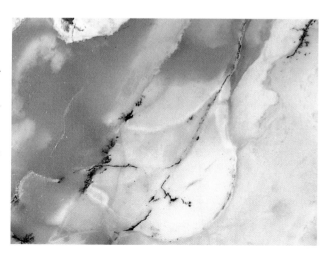

Características distintivas
Granoblástico, de grano fino a grueso, efervescente en ácido clorhídrico diluido. Tiene franjas de varios colores; a veces, veteado.
Color Variable: blanco, crema, gris, rojo, verde; frecuentemente, veteado, con trozos claros y oscuros.
Textura y granularidad Granoblástica, grano de fino a grueso.
Composición Carbonato cálcico.
Presentación en el terreno En zonas de caliza metamórfica.
Variedades Muchas, según el color, el rayado, etc.
Usos Ornamentales. En la construcción.
Se encuentra En todo el mundo.

TÉRMINOS USUALES

Acicular. Forma mineral en forma de aguja, frecuentemente irradiando desde una base.

Agua regia. Mezcla de una parte de ácido clorhídrico y una de ácido nítrico. Capaz de disolver el oro.

Amorfo. Sin forma, no cristalino, sin una estructura interna regular.

Apagado. Brillo con poca reflexión.

Asterismo. Efecto estrellado que se ve en una piedra preciosa tallada y pulida en cabujón.

Batolito. Masa de roca ígnea formada irregularmente por una intrusión de lava en las profundidades de la corteza terrestre.

Birrefringencia. Diferencia entre los índices de refracción máximo y mínimo en una piedra con refracción doble.

Botrioidal. Arracimado. Semejante a un racimo de uvas.

Brillo. Forma de relucir un mineral, según la luz que refleja.

Cabujón (en). Talla convexa empleada para las gemas opacas o para dar asterismo o tornasolado.

Capas. Los lechos sucesivos en los que se depositan las rocas sedimentarias.

Caras. Las superficies exteriores planas de un cristal.

Chelsea, filtro de color. Aparato usado para facilitar la identificación de las piedras preciosas. Cuando se mira una piedra a través de él, impide el paso a todos los colores del espectro, excepto al rojo y al gris, permitiendo ver, a simple vista, otros colores ocultos.

Chimenea volcánica. Conducto de salida de la lava.

Concoideo. Cristal que se rompe con cavidades concéntricas.

Cristal. Forma limitada por caras planas.

Cristal doble. El que crece en dos direcciones distintas a partir de una cara.

Cristalinos (sistemas). Los seis grupos principales en los que se clasifican los cristales según su forma.

Depósito. El que forman uno o más minerales, en cantidad suficiente para hacer viable su extracción.

Desgalgadero. Pedregal en declive. Pendiente de piedras partidas, procedentes de la erosión de una formación rocosa expuesta a la intemperie.

Desigual. Fractura con una superficie áspera.

Diamantino. Brillo mineral intenso, como el del diamante.

Dicroísmo. Véase *Pleocroísmo*.

Difracción. División de la luz blanca en los colores del espectro al pasar por una rendija estrecha, por ejemplo, en un espectroscopio.

Dique. Intrusión ígnea de gran longitud pero de grosor limitado, que suele rellenar una veta o un plano de fractura.

Doble refracción. Se produce cuando los cristales dividen los rayos de luz en distinto grado, para dar una gama de índices de refracción.

Drusa (cavidad). Hueco en el interior de una roca relleno con una serie de minerales secundarios.

Dureza. Resistencia de una sustancia al rayado, la abrasión y la penetración.

Erosión. Ruptura de las rocas por las fuerzas climáticas.

Evaporita. Depósito de sales solubles.

Exfoliación (plano de). Plano a lo largo del cual se rompe normalmente un cristal, debido a una debilidad en su estructura atómica.

Extrusiva (roca ígnea). La que se forma cuando las rocas o lava fundidas salen a la superficie de la Tierra.

Feldespato. El grupo de minerales más abundante. Constituyen alrededor del 60 por 100 de la corteza terrestre.

Feldespatoide. Mineral similar en estructura y composición química a un feldespato, pero con menos sílice.

Fluorescencia. Emisión temporal de ondas de luz, para dar colores que normalmente no se ven.

Forma. Número de caras planas idénticas que constituyen un cristal (hexagonal, trigonal, etc.). A veces, para describir un cristal se necesita más de una forma.

Fósil. Cualquier huella que ha dejado en una roca un organismo vivo.

Fractura. Rotura desigual de una piedra, cuya dirección no está en relación con la estructura atómica del cristal.

Granular. Estructura granulada o formada por granos.

Hemimórfico. Cristal que se desarrolla de forma distinta en los extremos de sus ejes.

Impurezas o inclusiones. Cavidades, fragmentos de cristal o de otras sustancias que se encuentran dentro de la estructura cristalina de una piedra preciosa.

Índice de refracción. En abreviatura, IR. Relación constante entre el ángulo con el que la luz entra en un cristal y el ángulo de refracción.

Intrusión. Roca ígnea fundida que ha entrado a presión en el interior de una roca más antigua.

Iridiscencia. Interferencia de la luz en la estructura interna de una piedra, haciendo que la luz blanca se divida en los colores del espectro.

Luces. Llamada con más propiedad, dispersión. Es la división de la luz blanca en los colores del espectro al pasar a través de una gema.

Maciza. Roca sedimentaria que no está dividida en capas.

Magma. Roca fundida en el manto de la Tierra.

Metálico (brillo). Que brilla como el metal.

Metamorfismo. Transformación de una roca de un estado a otro causada por el calor y la temperatura.

Mineral. Sustancia inorgánica que se presenta de forma natural, con una composición química y una estructura atómica interna constantes.

Mohs, escala de dureza. Escala empírica para medir la dureza.

Pegmatolita. Variedad de ortosa. Diques de roca ígnea formados al enfriarse los líquidos residuales del magma, que son ideales para la formación de cristales.

Peso específico. Peso de un objeto comparado con el de un volumen igual de agua.

Placa (estructura de). La de un mineral de cristales anchos y planos.

Placer (depósito). Minerales depositados –probablemente, en condiciones aluviales o en una playa– debido a su gran densidad o a su resistencia a la erosión.

Pleocroísmo. Se presenta cuando una piedra parece tener un cuerpo de dos (dicroico) o tres (tricoico) colores o matices cuando se la mira desde distintos ángulos.

Pseudomorfismo. Cristal con la forma aparente de otro.

Punto. La centésima parte de un quilate.

Quilate. Es la unidad de peso reconocida internacionalmente que se emplea en gemología. Equivale a 0,2 gr y se divide en 100 «puntos».

Rayado (veta). El color del polvo de un mineral cuando se le raya.

Reniforme. Forma de riñón de algunos minerales.

Terroso. Brillo sin reflexión.

Tornasolado. Brillo iridiscente visible en finas líneas brillantes y debido a la presencia de inclusiones.

Tricroísmo. Véase *Pleocroísmo*.

Veta. Franja delgada de mineral, normalmente en una roca. Color del polvo de un mineral cuando se le raya.

Vítreo. Brillo como el del cristal.

ÍNDICE